D1706073

Claudia Mussotter
Essen und Trinken in Spanien

Claudia Mussotter

Essen und Trinken in Spanien

Das kulinarische Wörterbuch für unterwegs

Anaconda

Die Deutsche Nationalbibliothek verzeichnet diese Publikation
in der Deutschen Nationalbibliografie; detaillierte bibliografische
Daten sind im Internet unter http://dnb.d-nb.de abrufbar.

© 2011 Anaconda Verlag GmbH, Köln
Umschlagmotiv und -gestaltung: Sven Gackoski, Wuppertal,
gackoski@e-mail.de
Satz und Layout: paquémedia, Ebergötzen
Printed in Czech Republic 2011
ISBN 978-3-86647-583-0
www.anacondaverlag.de
info@anaconda-verlag.de

Inhalt

Einleitung

»Saborea España«, Spanien schmecken, der neu erdachte Slogan zur Förderung des Tourismus macht Sinn, denn jedermann weiß, dass die Gastronomie des Landes ein gut verkäufliches Produkt ist und das klassische »sol y playa« (Sonne und Strand) allein keine neuen Besucher anlockt; die Gastronomie lädt dazu ein, Kultur und Geografie einer Landschaft kennenzulernen. Auch der Önotourismus blüht, kaum eine Bodega, die nicht auf diesen Zug aufgesprungen ist und Ferien auf dem Lande mit gutem Essen und Weinverkostung anbietet. Doch oberste Botschafter sind die berühmten Küchenchefs, die auf internationaler Ebene triumphieren – Spanien ist derzeit in aller Munde.

Ziel des Projekts »Saborea España« ist unter anderem auch, die authentische Küche der einzelnen Regionen, ihre manchmal eher verborgenen kulinarischen Schätze zu bewahren und bekannt zu machen. Dieses Buch soll dabei helfen, in die Tascas, Mesones oder Ventas einzukehren, um diese Köstlichkeiten zu probieren und die üblichen Tourismusfallen mit »internationaler Küche« oder Fastfood zu umgehen. Aber auch, um sich auf dem Markt oder beim Metzger zurechtzufinden. Und das Buch gibt Tipps, wie und was man einkauft, wo und um welche Uhrzeit man isst.

Die geschützten Herkunftsbezeichnungen D.O.P. und I.G.P., die zu jeder Region aufgeführt sind, verpflichten die Produzenten von Wein oder Nahrungsmitteln, die sich dem Kontrollrat unterstellen, in einer bestimmten Region die bestmögliche Qualität und traditionelle Bräuche bei der Herstellung der Produkte aufrechtzuerhalten und ihren guten Namen gegenüber Nachahmern zu verteidigen. Beim Wein bedeutet dies beispielsweise, dass die in den jeweiligen Anbaugebieten heimischen Trauben verwendet werden. Ein spanischer Sherry etwa kann nur aus dem Dreieck Jerez de la Frontera, El Puerto de Santa María und Sanlúcar de Barrameda stammen, wo die weißen Böden, die Palominotraube, die noch von den Arabern technisch ausgeklügelten Bodegas und die Solera (Mischsystem bei der Alterung des Sherrys) zum Erfolg des traditionellen andalusischen Tropfens beitragen. Woanders gibt es keinen Sherry. Hält man sich also – beim Verzehr oder Kauf – an das Gütesiegel, kann im Grunde nicht viel schiefgehen; mehr oder weniger gleichbleibende Qualität und spezielle Charakteristiken sind garantiert.

Gleichzeitig gewähren die Gütesiegel einen Blick in die traditionelle Landesküche, ob bei Fleisch, Reis, Olivenöl, Gemüse oder Früchten. So empfiehlt es sich zum Beispiel, in Aragón das gebratene Lamm aus dem Ofen zu probieren, im Norden an der Atlantikküste Fisch und Meeresfrüchte zu wählen und in Valencia eine Paella zu bestellen. Unter der Rubrik »Spezialitäten« sind die klassischen Gerichte jeweils aufgeführt.

Der enormen Vielfalt dieser Spezialitäten kann allerdings auch das angeschlossene Wörterbuch kaum gerecht werden; zu zahlreich sind die Namen und Begriffe rund ums Essen und Trinken. Sicherlich aber wird das Büchlein bei der Wahl einer bestimmten Käsesorte, eines Weins, einer Tapa, eines Tagesmenüs, beim Einkauf und beim Lesen und Nachkochen von Rezepten, wo auch immer, behilflich sein. *¡Que aproveche!* Guten Appetit!

Essen gehen in Spanien

Wer nach Spanien reist, hat in puncto Essen die Qual der Wahl, denn viele Bars und Restaurants bieten sich an. Doch wohin, wenn man fremd ist? – Die Antwort lautet: dahin, wo es voll ist und wo auch die Spanier sind. Da kann es nicht schlecht sein, und das Ambiente stimmt, denn wer will schon allein in einer Bar am Tresen stehen und Tapas essen. Zum Beispiel am Sonntagmittag, gegen eins. »Was?«, fragt der Urlauber. »Das ist fast Essenszeit, das lohnt doch nicht.« – »Falsch«, sagt der Spanier, »das ist es, was uns ausmacht.« Das Leben genießen, Freunde treffen, und sei es bei ohrenbetäubendem Lärm, weil im ständig laufenden Fernseher gerade ein Motorradrennen übertragen wird.

Unter der Woche herrscht allerdings ein anderer Rhythmus. Es heißt, man esse fünf Mal am Tag, doch das Frühstück wird meist ausgelassen. Man steht auf und trinkt in einer dem Arbeitsplatz nahe gelegenen Cafetería im Stehen einen schnellen starken *cortado*, einen Espresso mit einem Schuss Milch, dazu vielleicht ein süßes Teilchen, eine *magdalena*. Die salzige Variante, eine *tostada* (geröstetes Weißbrot) mit Olivenöl, oft auch mit Tomate und Schinken, kann auf keinen Fall von einem süßen Kaffee begleitet werden. Das ist ein absoluter Stilbruch, und man gibt sich sofort als *guiri*, als Ausländer und Tourist, zu erkennen. Erst zum *almuerzo*, dem zweiten Frühstück um etwa elf Uhr, darf es dann schon etwas Warmes sein. Eine Tapa etwa, mit der man die Zeit bis zum Mittagessen überbrückt, das in der Regel um zwei, halb drei Uhr eingenommen wird. Man muss sich übrigens nicht wundern: Nicht selten wird schon frühmorgens ein *anís* oder gar *sol y sombra* zum *cortado* bestellt, eine hochprozentige Mischung aus *anís* und *brandy*. Gibt man die Spirituose in den Kaffee hinein, handelt es sich um einen *carajillo*. Doch auch frisch gepresster Orangensaft wird in fast jeder Bar angeboten, eine gesunde und günstige Alternative.

Das Mittagessen, wenn man es im Restaurant einnimmt, besteht normalerweise aus einer Vorspeise, dem *primer plato*, dem Hauptgang, *segundo plato*, und einem Dessert sowie abschließendem Kaffee, wobei man bei den günstigen *menús del día*, die so gut wie jedes Restaurant zum Festpreis anbietet, oft unter mehreren Varianten wählen kann. Wein, Erfrischungsgetränk oder Wasser sind inbegriffen. Wer à la carte bestellt, muss mit einem höheren Preis rechnen. Und auch Tapas sind im Verhältnis zu einem *menú del día* teuer.

Die *merienda* am Nachmittag ist nicht zwingend. Im Büro isst man ein Stück Obst, Kinder, wenn sie gegen fünf Uhr von der Schule kommen, verlangen auch nach einem *bocadillo*, einem belegten Brötchen. Das Abendessen wird nicht vor neun, eher um zehn Uhr eingenommen, denn wenn es richtig heiß ist, zieht sich so ein Tag auf der Suche nach etwas Abkühlung bis weit nach Mitternacht hin. Es wird ein leichtes Abendessen sein, keinesfalls eine Paella. Kein Spanier würde jemals abends eine Paella essen, weil sie viel zu schwer im Magen liegt.

Oliven, gesalzene Mandeln, ein paar frittierte Kartoffeln – selten wird in Spanien getrunken, ohne etwas zu sich zu nehmen. Das lädt zum Kommunizieren ein.

Der Brauch, ungezwungen ein bisschen herumzupicken *(picar)*, ist als eine Art Lebensform zu verstehen und hat sich selbst in der dynamischen westlichen Welt, in der Schnelligkeit zählt und die Küche der Mode unterworfen ist, seine Nische erobert. Oft sind Tapas als kleines improvisiertes Menü, als Überraschung in kleinen Portionen zu begreifen, die sich manchmal als wahre kulinarische Offenbarungen erweisen. Einige Bars reichen ungefragt eine Tapa zum bestellten Getränk, andere Lokale bieten eine kleine Auswahl aus ihrer Speisekarte an. Oder man kann zwischen halben und ganzen Portionen wählen. Nicht selten gleichen die ganzen einer vollgültigen Mahlzeit, meist wenn es sich um Fisch und Meeresfrüchte handelt.

Eine Besonderheit ist der Salat, zumindest an der Levante-Küste. Seine Begleitung, die Salatsauce, erhält er erst am Tisch. Doch wer opfert sich und übernimmt die verantwortungsvolle Aufgabe des Anmachens? Und trifft hoffentlich den Geschmack der ganzen Runde, denn Salat isst man schließlich – immer vorneweg! – gemeinsam von der Platte. Dass jeder seinen eigenen Teller hätte, das gibt es hier genauso wenig wie getrenntes Bezahlen. Zweite Schwierigkeit: die Menge. Denn je mehr Esser, desto abenteuerlicher gestaltet sich die Prozedur. Außerdem muss das Ganze in einer bestimmten Reihenfolge stattfinden: Als erstes wird gewürzt, dann folgt der Essig, dann Olivenöl. Würde man zuerst das Öl zugießen, nähme der Salat die Gewürze nicht an, weil es wie ein Film auf allen Zutaten liegt. Nachbessern ist also ausgeschlossen!

Seit dem 2. Januar 2011 ist in Spanien eines der strengsten Rauchverbote der Welt in Kraft. *Prohibido fumar* heißt es nun bei Androhung von Strafe in allen geschlossenen Lokalitäten. Da bleiben nur die Tische im Freien oder Terrassen, die man den Wirten, die ordentlich Umsatz einbüßen, immerhin ganz unbürokratisch bewilligt hat.

Lokal- und Restaurantbezeichnungen

bar *m* – Lokal, in dem man, meist an der Theke, schnell etwas trinkt, frühstückt oder eine Kleinigkeit isst
bar de copas *m* – Cocktailbar
bar-restaurante *m* – Bar mit Restaurantbetrieb
café *m* – einfaches Lokal, in dem man trinken und Kleinigkeiten essen kann (keine Konditorei!)
café-restaurante *m* – Café mit Restaurantbetrieb
cafetería *w* – kleines Lokal für einen schnellen Imbiss
chiringuito *m* – Trinkbude im Freien, z. B. am Strand, oft mit Imbissmöglichkeit
churrería *w* – Lokal, in dem *churros* und anderes Ölgebäck zubereitet werden
club nocturno *m* – Nachtclub
heladería *w* – Eisdiele
horchatería *w* – Eissalon, wo man außerdem *horchata*, die Erdmandelmilch, bekommt
hostal *m* – Gasthof, Hotel, meist mit Restaurant

hotel *m* – Hotel, fast immer mit Restaurant

merendero *m* – Ausflugslokal im Freien, wo das Essen selbst mitgebracht werden kann

mesón *m* – typisches Restaurant, oft mit rustikalem Ambiente

parador *m* – staatliches Hotel mit Restaurant

pizzería *w* – Pizzeria

pub *m* – Bar

restaurante *m* – Restaurant

sala de baile *w* – Tanzlokal

sala de fiestas *w* – Vergnügungslokal

salon de té *m* – eine Art Konditorei-Café

snackbar *m* – Schnellgaststätte

taberna *w* – Weinlokal, Taverne

tasca *w* – Kneipe

venta *w* – Gasthaus

Gastronomieführer

Als Gastronomieführer empfehlen sich »Michelin«, »Gault-Millau«, »Gourmetour«, »Guía Repsol«, etwas umfangreicher präsentiert sich »Lo Mejor de la Gastronomía«. Zwar ist der Michelin-Führer für sein Sterne-System berühmt, das auf Restaurants mit gehobener Küche hinweist. Der Erfolg der Reihe basiert jedoch auch auf der großen Auswahl von Restaurants und Hotels zu moderaten Preisen. Für Häuser, die auf den kleineren Geldbeutel zugeschnitten sind, führte Michelin die Auszeichnungen »Bib Gourmand« und »Bib Hotel« ein. Namensgeber ist das freundliche Michelin-Männchen »Bibendum« oder kurz »Bib«. Der »Bib Gourmand« kennzeichnet Restaurants mit einem besonders guten Preis-Leistungs-Verhältnis. In der Regel handelt es sich hierbei um kleine, sympathische Gasthäuser, die eine regionale Küche bieten und familiär betrieben werden. Es finden sich darunter aber auch moderne Bistros, Restaurants mit internationaler Küche und so manches Zweitrestaurant eines bekannten Spitzenkochs, das bezahlbare und authentische Küche in guter Qualität offeriert.

Hilfreiche Wörter und Sätze
(nicht nur) rund um den Restaurantbesuch

buenos días – guten Morgen, guten Tag
adiós – auf Wiedersehen
hasta luego – bis bald
por favor – bitte
de nada – bitte schön
no gracias – nein danke
menú – Menü
menú del día – Tagesgericht
Gibt es hier in der Nähe ein gutes Restaurant? – ¿Hay un buen restaurante por aquí cerca?
Wo sind die Toiletten? – ¿Dónde están los servicios?
Wann kann man hier zu Mittag essen? – ¿A qué hora se puede comer?; ¿A qué hora se puede almorzar?
Wann kann man hier zu Abend essen? – ¿A qué hora se puede cenar?
Ich möchte für heute Abend einen Tisch bestellen. – Quisiera reservar una mesa para esta noche.
Haben Sie einen Tisch für zwei (drei, vier) Personen? – ¿Tiene(n) una mesa para dos (tres, cuatro) personas?
Legen Sie bitte noch ein Gedeck auf. – Ponga otro cubierto, por favor.
Haben Sie eine Terrasse? – ¿Tienen terraza?
Kann man draußen essen? – ¿Se puede comer fuera?
Haben Sie einen Sonnenschirm? – ¿Tienen una sombrilla?
Kellner! Herr Ober! – ¡Camarero!
Was empfehlen Sie heute? – ¿Qué recomienda hoy?
Ich möchte nur eine Kleinigkeit essen. – Sólo quiero comer un poco.
Bringen Sie mir bitte die Speisekarte. – Tráigame la carta, por favor.
Ich möchte das Tagesmenü. – Quiero el menú del día.
Welches sind die Spezialitäten dieser Gegend? – ¿Cuáles son las especialidades de esta región?
Ich habe schon bestellt. – Ya he pedido.
Ich habe keine Serviette. – No tengo servilleta.

Ich habe kein Glas. – No tengo vaso.
Etwas mehr Brot, bitte. – Un poco más de pan, por favor.
Ich habe etwas anderes bestellt. – He pedido otra cosa.
Das Essen ist kalt. – La comida está fría.
Das hat mir gut geschmeckt. – Me ha gustado mucho.
Das war sehr gut. – Estaba muy bueno.
Die Weinkarte, bitte. – La carta de vinos, por favor.
Bringen Sie mir bitte Wasser. – Tráigame agua, por favor.
Welchen Wein empfehlen Sie mir? – ¿Qué vino me reco-
mienda?
Ich möchte einen trockenen Wein. – Quiero un vino
seco.
Ich möchte Rotwein. – Quiero vino tinto.
Ich nehme lieber Weißwein. – Prefiero vino blanco.
Ich möchte eine Flasche Wein. – Quiero una botella de
vino.
Bringen Sie bitte noch ein Glas. – Traiga otro vaso, por
favor.
Bringen Sie bitte noch eine Flasche von diesem Wein. –
Traiga otra botella de este vino, por favor.
Der Wein ist zu warm (kalt). – El vino está demasiado ca-
liente (frío).
Zum Wohl! – ¡Salud!
Guten Appetit! – ¡Que aproveche!
Bringen Sie mir bitte die Rechnung. – Tráigame la
cuenta, por favor.
Bestellen Sie mir bitte ein Taxi. – Llámeme un taxi, por
favor.

Einkaufen in Spanien

Vor ein paar Jahren war es in Spanien noch schwierig, in kleineren Orten Butter oder Sahne zu bekommen. Das Angebot eines Tante-Emma-Ladens zeigte aber exakt, was in spanischen Familien auf den Tisch kommt – die Stars der *dieta mediterránea*, der sogenannten gesunden Mittelmeerernährung: Olivenöl, Obst und Gemüse, Hülsenfrüchte, fetter Fisch, Nudeln bzw. Reis und Wein – der grundsätzlich in Maßen genossen wird. Die meisten dieser kleinen Läden sind mittlerweile von Supermarktketten verdrängt worden, unter denen auch einige deutsche Fuß gefasst haben und die viele der von zu Hause gewohnten Produkte im Programm haben. Das Angebot von Supermärkten in den klassischen Urlaubsregionen hängt jedoch maßgeblich von der Nationalität der Residenten und ihrer Anzahl, sprich der Nachfrage, ab. Deutsche, Holländer, Engländer, Norweger werden am ehesten fündig.

Auffallend ist die Fülle an Konserven in Spanien. Konserven konkurrieren nicht mit ihren frischen Pendants, sie sind ein eigenständiger Teil der spanischen Gastronomie und dürfen deshalb geschmacklich nicht mit diesen verglichen werden. Dabei wird oft das Beste von Land und Meer in Dosen gepackt und kann in vielen Fällen sehr wohl als Delikatesse gelten. Spargel aus Navarra, Paprikaschoten del piquillo aus Lodosa, Artischocken aus Tudela, Miesmuscheln aus Galicien … eine ganze Reihe spanischer Konserven hat einen Stammbaum, kann auf eine kontrollierte Herkunftsbezeichnung verweisen.

Die größte Auswahl an Konserven wird in den Hypermärkten geboten, in denen man sich regelrecht verlaufen kann. Sie befinden sich außerhalb der Städte und meist in Nachbarschaft zu großen Einkaufszentren. Dort bekommt man alles, von Lebensmitteln über Betten und Küchengeräte bis zur Glühbirne oder einem Buch.

Doch am frischesten lässt es sich auf dem Markt einkaufen. Die Markttage entnimmt man einer Zeitung vor Ort oder fragt in einem »Tourist Info« nach. Während der Tourist auf dem *mercadillo* eher nach originellen Mitbringseln Ausschau hält, sieht man die spanischen Hausfrauen mit einem Trolley bewaffnet von Stand zu Stand ziehen. Zielsicher wird eingekauft, schließlich steht der Einkaufszettel für die ganze Woche fest, der grundsätzlich – doch je nach Jahreszeit – die oben genannten Bestandteile der gesunden Mittelmeerernährung enthält. Unter der *dieta mediterránea* versteht man auch Elemente nichtkulinarischer Natur. Da wäre etwa die Siesta, eine kurze Ruhepause nach dem Mittagessen. Und auch ein Schwätzchen, für das der Markt ein guter Ort ist, wirkt entspannend und gehört zur mediterranen Lebensweise.

Fleisch kauft man am besten beim Metzger – außer der Supermarkt hat eine ausgezeichnete Fleischabteilung. Und nach Fisch schaut man freitags entweder in der *pescadería* des Orts oder in der Fischabteilung eines für seine Frische bekannten Supermarkts, wo man die Fische fachgerecht säubert, je nachdem ob man ein Filet *(filete)* wünscht oder den Fisch im Ofen *(al horno)* zubereiten will. Ob am Fleisch-, Fisch-, Käse- oder Wurststand – äußerst wichtig ist die Suche nach einem Kasten, aus dem man eine Nummer zieht, sonst kann man unter Umständen lange auf seine Bedienung warten. Die Nummern werden digital angezeigt und ausgerufen. Hat man seine Nummer verpasst, weil man geschwind noch etwas anderes besorgen wollte, ist der Turnus unweigerlich vorbei. Man muss sich eine neue Nummer ziehen.

Ein Problem ist, zumindest an der Mittelmeerküste, das Brot. Glückssache, wenn noch eine Bäckerei im Ort selbst backt. Meist werden vorbereitete Teigstücke in den Ofen geschoben. Die *barra*, wie sich die Weißbrotstange nennt, ist jedoch nach kurzer Zeit nicht mehr zu genießen, weshalb mehrmals am Tag gebacken wird. Vollkornbrot ist unverhältnismäßig teuer und keinesfalls mit der Qualität in der Heimat zu vergleichen.

Ein Wort noch zum viel gepriesenen Olivenöl. Das passende ist immer schon von weitem auszumachen. Die grüne Kappe signalisiert einen Säuregrad, der eher dem spanischen Geschmack entspricht. Die rote Kappe ist milder und für den Guiri wahrscheinlich geeigneter. Wer ein richtig gutes Olivenöl nach Hause mitnehmen möchte, findet dies häufig in einer Bodega. Ob und wo es eine gibt, muss mit den Worten »Dónde hay una bodega?« erfragt werden. Ebenso die Adresse einer *cooperativa*, einer Genossenschaft, wo der Wein direkt vom Erzeuger gekauft werden kann.

Einkaufsmöglichkeiten

alimentación *w* – Lebensmittel
autoservicio *m* – Selbstbedienungsladen
bodega *w* – Weinhandlung
bollería *w* – Feinbäckerei
centro comercial *m* – Einkaufszentrum
charcutería *w* – Wurstwaren
estanco *m* – Tabak- und Briefmarkenverkauf
farmacia *w* – Apotheke
frutería *w* – Obst- und Gemüsehändler
hipermercado *m* – großer Supermarkt
mercado, mercadillo *m* – Markt
panadería *w* – Bäckerei
pastelería *w* – Konditorei
pescadería *w* – Fischladen
quiosco *m* – Kiosk, Zeitungsstand
supermercado *m* – normaler Supermarkt
tienda de productos dietéticos *w* – Reformhaus

Hilfreiche Wörter und Sätze
(nicht nur) rund ums Einkaufen

buenos días – guten Morgen, guten Tag
adiós – auf Wiedersehen
hasta luego – bis bald
por favor – bitte
de nada – bitte schön
no gracias – nein danke
Wo ist der Markt? – ¿Dónde está el mercado?

Wo ist ein Lebensmittelgeschäft? – ¿Dónde hay una tienda de comestibles?

Wo ist eine Fleischerei? – ¿Dónde hay una carnicería?

Wo ist eine Bäckerei? – ¿Dónde hay una panadería?

Wo ist eine Apotheke? – ¿Dónde hay una farmacia?

Wo ist ein Fischgeschäft? – ¿Dónde hay una pescadería?

Wo ist ein Supermarkt? – ¿Dónde hay un supermercado?

Geben Sie mir bitte ein Kilo … – (Póngame) un kilo de …, por favor

Geben Sie mir bitte ein Pfund … – (Póngame) medio kilo de …, por favor

Wie viel kostet das? – ¿Cuánto es? ¿Cuánto vale?

Die Regionen

Spanien besteht aus 17 Autonomen Regionen, einschließlich der Inselgruppen Balearen und Kanaren, sowie zwei Exklaven – Ceuta und Melilla – an der Küste Marokkos. Die großen *Comunidades Autónomas* sind in einzelne Provinzen unterteilt.

Katalonien – Cataluña (mit den Provinzen Lérida, Gerona, Barcelona, Tarragona)
Aragón (Huesca, Zaragoza, Teruel)
Navarra
La Rioja
Baskenland – País Vasco (Vizcaya, Guipúzcoa, Álava)
Kantabrien – Cantabria
Asturien – Principado de Asturias
Galicien – Galicia (Lugo, La Coruña, Pontevedra, Orense)
Castilla y León (León, Palencia, Burgos, Soria, Segovia, Valladolid, Zamora, Salamanca, Ávila)
Madrid (Stadt und Region)
Extremadura (Cáceres, Badajoz)
Castilla-La Mancha (Guadalajara, Cuenca, Toledo, Ciudad Real, Albacete)
Comunidad Valenciana (Castellón, Valencia, Alicante)
Murcia
Andalusien – Andalucía (Almería, Granada, Jaén, Córdoba, Málaga, Sevilla, Cádiz, Huelva)
Balearen – Islas Baleares (mit den Inseln Mallorca, Menorca, Ibiza, Formentera)
Kanarische Inseln – Islas Canarias (Gran Canaria, Teneriffa, Lanzarote, La Gomera, La Palma, El Hierro, Fuerteventura)
Ceuta y Melilla

Katalonien

Lérida, Gerona, Barcelona, Tarragona

Katalonien ist in jeder Hinsicht ein privilegiertes Land. Außer dass es die wirtschaftsstärkste Comunidad Spaniens ist, bieten sich dem Reisenden nur in wenigen spanischen Regionen ähnlich breit gefächerte und kontrastreiche Möglichkeiten. Mar y montaña, Meer und Berge, prägen auch die katalanische Küche, die zurzeit zu den avantgardistischsten der Welt zählt und mit ihren traditionellen Gerichten doch von ihrer Vergangenheit, den Einflüssen fremder Herrscher, lebt.

Produkte mit geschützter Herkunftsbezeichnung D.O.P. oder I.G.P.:
Aceite del Baix Ebre-Montsià, Aceite de Terra Alta, Les Garriges, Siurana (Olivenöl); Arroz del Delta de Ebro (Reis); Avellana de Reus (Haselnüsse); Calçot de Valls (Lauchzwiebeln); Clementinas de las Tierras del Ebro (Clementinen); Mantequilla (Butter) de L'Alt Urgell y la Cerdanya; Manzana de Girona (Äpfel); Patata de Prades (Kartoffeln); Ternera de los Pirineos Catalanes (Rindfleisch); Pollo y Capón del Prat (Geflügel); Salchichón de Vic (Wurst); Turrón de Agramunt (Turrón und Marzipan). Von guter Qualität sind ebenfalls: Erdbeeren aus Maresme, Spargel aus Gavà, Erbsen, Pilze.

Spezialitäten:
pa amb tomaquet *m*: Bauernbrot, mit frischer Tomate bestrichen, Meersalz bestreut und mit Olivenöl beträufelt.
picada *w*: Sauce aus Knoblauch, Petersilie oder Safran, Nüssen, geröstetem Brot und Olivenöl, im Mörser hergestellt.
salsa romesco *w*: Sauce aus getrockneter Paprikaschote, Tomaten, Zwiebeln, Knoblauch, Mandeln, Brot, Essig und Olivenöl; wird traditionell zu den *calçots*, über Holzfeuer gerösteten speziellen Lauchzwiebeln, gegessen.
escalivada *w*: Aubergine, Paprika, Zwiebel im Ofen gebraten, gehäutet, in Streifen geschnitten und mit Olivenöl übergossen als kalte Vorspeise gereicht.

xató *m*: Salat aus Endivien- oder Friséesalat, Stockfisch, Thunfisch und Sardelle, begleitet von Romesco-Sauce.

samfaina *w*: Gemüse aus Tomate, Paprikaschote, Aubergine und Zucchini.

bacalao en esqueixada *m*: Stockfisch als Salat mit Tomaten, Zwiebeln, Oliven, Paprikaschoten und hart gekochtem Ei.

bull de tonyina *m*: ein Gericht aus Thunfischdarm, Bohnen und Schnecken.

caracoles a la llauna *m pl*: auf einem flachen Blech mit Knoblauch und Wein im Ofen geschmorte Schnecken.

escudella i carn d'olla *w*: Eintopf mit reichlich Fleisch und Würsten, auch mit *pilota*, einer Kohlroulade.

crema catalana *w*: Creme aus Eigelb, Zucker und Milch, vielleicht gewürzt mit Zimt und Zitrone, deren Oberfläche mit einem speziellen Gerät »gebrannt« wird. Traditionell gegessen an San José am 19. März.

coca *w*: pizzaähnliche Teigfladen mit kandierten Früchten, traditionell in der Johannisnacht.

weiterhin: Languste mit Schnecken, Ente mit Birnen, Huhn mit Scampi.

Käse mit Gütesiegel:

L'Alt Urgell y la Cerdanya *m*: handgemachter Käse der Pyrenäen aus Kuh-, Schafs- und Ziegenmilch.

Mató *m*: Frischkäse aus Ziegenmilch, wird mit Honig als *mel i mató* gegessen.

Serrât *m*: würziger Schafskäse aus den Pyrenäen.

Tupí *m*: pikanter Weichkäse aus Schafsmilch mit Weinbrand oder Likör (katalanische Pyrenäen).

Ohne Gütesiegel: Queso Pallars Sobirá *m*: Schafsmilchkäse.

Queso de la Garrotxa *m*: Ziegenkäse aus den Pyrenäen.

Tou dels Til·lers *m*: Schafsmilchkäse.

Getränke mit Gütesiegel:

Wein aus Alella, Ampurdán-Costa Brava, Catalunya, Cava, Conca de Barberà, Costers del Segre, Montsant, Penedès, Pla de Bages, Priorato, Tarragona, Terra Alta.

Sekt aus der D.O. Cava.

Ratafia Catalana *w*: Likör aus Kräutern und Walnüssen.

Aragón

Huesca, Zaragoza, Teruel

Die Gastronomie Aragóns, die sich über Jahrhunderte aus den verschiedensten Einflüssen entwickelte, ist traditionsgebunden, die Gerichte sind so zahlreich und vielseitig wie das Land selbst. Doch hauptsächlich isst man Fleisch: junges Lamm, Wild, Huhn und Schwein samt seinen Produkten wie dem vorzüglichen Schinken aus Teruel. Steht Fisch auf dem Speiseplan, handelt es sich vornehmlich um Aal und frisch gefangene Forellen. Und ab dem Frühjahr gibt es Obst in Hülle und Fülle. Zählt man dann noch Oliven, Käse, Reis, Honig und Mandeln dazu, ergibt das eine gesunde, natürliche, ursprünglich recht einfache Küche – mit den besten Zutaten.

Produkte mit geschützter Herkunftsbezeichnung D.O.P. oder I.G.P.:
Aceite del Bajo Aragón (Olivenöl); Ternasco de Aragón (Lamm); Jamón de Teruel (Schinken); Melocotón de Calanda (Pfirsich). Von guter Qualität sind auch Oliven, Reis, Honig, Mandeln, Aal, Forellen, Freilandhühner.

Spezialitäten:
cordero lechal al chilindrón *m*: Milchlamm mit Tomaten-Zwiebel-Paprika-Gemüse.
pollo al chilindrón *m*: Hühnchen mit Tomaten-Zwiebel-Paprika-Gemüse.
migas *w pl*: mit Schinken, Speck und Tomaten geröstete Brotwürfel.
menestra *w*: Gemüsetopf.
magras con tomate *w*: gebratener Schinken in Tomatensauce.
sopa aragonesa *w*: im Ofen mit geröstetem Brot und Käse überbackene Suppe mit Leber.
regañaos *m pl*: eine Art Kuchen mit eingebackenen Sardinen und Streifen von roter Paprikaschote.

Käse ohne Gütesiegel:
Queso de Radiquero *m*: Ziegenkäse.

Queso Patamulo *m*: Käse aus Schafs-, Ziegen- oder Kuhmilch.

Queso Pañoleta *m*: Käse aus Schafs-, Ziegen- oder Kuhmilch.

Queso de Sahún *m*: Ziegenkäse.

Queso de El Burgo *m*: Ziegenkäse.

Queso Chistabín *m*: handgemachter Kuhmilchkäse.

Queso Los Tambores *m*: Schafsmilchkäse.

Queso de Benabarre *m*: Ziegenkäse mit Charakter.

Tronchón *m*: Schafsmilchkäse, manchmal auch mit Ziegenmilch gemacht. Zitiert von Cervantes im »Don Quijote«.

Getränke mit Gütesiegel:

Wein aus den D.O.s Calatayud, Campo de Borja, Cariñena, Somontano.

Vinos de la Tierra aus Bajo Aragón, Campo del Belchite, Ribera del Gállego-Cinco Villas, Valdejalón, Valle de Cinca, Valle de Jiloca.

Navarra

Navarra liegt in einem klimatischen Dreieck, das vom Kantabrischen Meer, den Pyrenäen und dem Ebro-Tal gebildet wird. Die vielseitige Landschaft mit ihrem Reichtum an natürlichen Ressourcen verwandelt das Land in eine nachgerade majestätische Speisekammer. Und so ist auch die Küche großartig, mit einer Vielzahl an Gerichten und Rezepten, die Traditionelles ebenso achten, wie sie Avantgardistischem gegenüber aufgeschlossen sind.

Produkte mit geschützter Herkunftsbezeichnung D.O.P. oder I.G.P.:

Aceite de Navarra (Olivenöl); Alcachofa de Tudela (Artischocken); Esparrago de Navarra (Spargel); Pimiento del Piquillo de Lodosa (Paprikaschoten); Cordero de Navarra (Lamm); Ternera de Navarra (Rind). Zu nennen sind auch: cogollos de Tudela (Salatherzen), chistorra (Wurst), cuajada (eingedickte Milch).

Spezialitäten:
pochas de Sangüesa *w pl*: junge Bohnenkerne.
trucha cocida del Bidasoa *w*: Forelle.
trucha a la Navarra *w*: Forellenfilets in Schinken gehüllt und gebraten.
pimientos del piquillo *m pl*: kleine einheimische Paprikaschoten, gebraten oder gefüllt.
gorrín *m*: Lamm aus dem Holzofen.
guiso de anguila *m*: geschmorter Aal.
menestra *w*: Gemüseeintopf.
chistorra *w*: Hartwurst, über Holzfeuer gebraten.
lomo de jabalí adobado *m*: gebeizte Wildschweinlende.

Käse mit Gütesiegel:
Roncal *m*: würziger Schafskäse aus dem gleichnamigen Tal.
Ohne Gütesiegel: Queso de Urbasa *m*: Schafskäse.
Queso de Ribaforada *m*: Schafskäse.
Queso de Cabanillas *m*: Schafskäse.
Queso de Lesaca *m*: Käse aus Kuhmilch oder gemischt.

Getränke mit Gütesiegel:
Wein aus den kontrollierten Anbaugebieten Navarra, Pago de Arínzano, Pago de Otazu, Prado de Irache und Rioja (gebietsübergreifend). Otazu ist das nördlichstgelegene Weingut Spaniens und macht wunderbare Weine. Ganz frisch ist die Verleihung eines »Pago« (besondere Lage), die höchste Auszeichnung, die eine Bodega in Spanien bekommen kann und die noch über einer D.O.C. steht.
3 Riberas: Vinos de la Tierra.
Pacharán navarro *m*: Schlehenlikör auf der Basis von Anis.

La Rioja

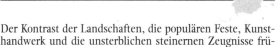

Der Kontrast der Landschaften, die populären Feste, Kunsthandwerk und die unsterblichen steinernen Zeugnisse früherer Epochen, die Kelten, Karthager, Römer, Araber hinterließen, dazu eine überaus reichhaltige, naturbelassene Küche und der einzigartige Wein machen La Rioja zu einem der beliebtesten Ferienziele Spaniens. Die Gastronomie Riojas ist von alters her für ihre Einfachheit und die exzellente Qualität ihrer Produkte berühmt. Dabei gehen die Küche aus dem Berggebiet und die der Ebene um den Ebro keineswegs eigene Wege, sondern sind aufs Vortrefflichste vereint.

Produkte mit geschützter Herkunftsbezeichnung D.O.P. oder I.G.P.:

Aceite de La Rioja (Olivenöl); Coliflor de Calahorra (Blumenkohl); Chorizo riojano (Paprikawurst); Peras Rincón de Soto (Birnen); Pimiento riojano (Paprikaschote). Außerdem: caparrones (Bohnen), pochas (Bohnenkerne), setas (Pilze), cardos (Kardenartischocken), ranas (Frösche), angulas (Glasaale), caracoles (Schnecken).

Spezialitäten:

patatas a la riojana *w pl*: Kartoffeln mit Paprikawurst.
patatas con borrajas *w pl*: Kartoffeln mit Borretsch.
alcachofas con almejas *w pl*: Artischocken mit Muscheln.
menestra de verduras *w*: Gemüsetopf.
pimientos rellenos *m pl*: gefüllte Paprikaschoten.
asadurilla de cordero *w*: gebratene Leber etc. vom Lamm.
cangrejos en salsa picante *m pl*: Krebse in pikanter Sauce.
carpas en salsa vinagreta *w pl*: Karpfen in Vinaigrette.
callos a la riojana *m pl*: Kutteln nach Art von Rioja.
chuletas al sarmiento *w pl*: Koteletts, über Rebholz gebraten.
fardalejos *m pl*: mit Mandeln gefüllte Blätterteigtäschchen.
camuesada *w*: Dessert aus in Milch gekochten Äpfeln.

Käse mit Gütesiegel:

Camerano *m*: säuerlicher Ziegenkäse aus Logroño.

Getränke mit Gütesiegel:

Wein aus der D.O.C. Rioja. Die Zeit der typisch schweren Weine aus Rioja ist vorbei. Eine neue Generation von jungen Winzern macht hervorragende Weine aus der autochthonen Rebsorte Tempranillo.
Vino de la Tierra Valles de Sadacia.

Baskenland

Vizcaya, Guipúzcoa, Álava

»Dem wahren Essensliebhaber hat San Sebastian viel zu bieten: ein unerschütterliches Vertrauen in die eigenen Traditionen und die regionalen Produkte, eine fast religiöse Überzeugung, dass hier die beste Küche Spaniens zu Hause ist, dazu eine Sprache und eine Kultur, die buchstäblich bis in die Steinzeit zurückreichen. Und mehr Michelinsterne pro Kopf als irgendwo sonst auf der Welt.« Das schrieb Anthony Bourdain – berühmt geworden mit den »Geständnissen eines Küchenchefs« –, als er »auf der Jagd nach dem vollkommenen Genuss« im Baskenland Station machte.

Produkte mit geschützter Herkunftsbezeichnung D.O.P. oder I.G.P.:
Carne de Vacuno del País Vasco o Euskal Okela (Rindfleisch); Pimiento de Guernika bzw. Gernikako Piperra (Paprikaschoten). Erwähnenswert: bacalao (Stockfisch), merluza (Seehecht), bonito del norte (Thunfisch), besugo (Meerbrasse), centollo (Seespinne), sidra (Apfelwein).

Spezialitäten:
purrusalda *w*: Stockfisch mit Lauch und Kartoffeln.
bacalao al pil-pil *m*: in Öl und Knoblauch langsam gegarter Stockfisch, wobei der Topf ständig gerüttelt wird, damit das Fischeiweiß gerinnt und sich eine Sauce bildet.
bacalao a la vizcaína *m*: Stockfisch in pikanter Sauce aus Zwiebeln, Knoblauch und getrockneten Paprikaschoten.
pintxos *m pl*: Tapas.
chuletón *m*: großes Kotelett vom Grill.
chipirones en su tinta *m pl*: kleine Kalmare in ihrer Tinte.
besugo al horno *m*: Meerbrasse, in Zwiebel-Knoblauch-Wein-Sauce im Ofen gegart.
merluza en salsa verde *w*: Seehechtscheiben in Knoblauch-Petersilien-Sauce.
kokotxas a la donostiarra *w pl*: Seehechtbäckchen mit Knoblauch, Petersilie und Erbsen.

merluza a la ordiziana *w*: Seehechtscheiben mit Garnelen und Muscheln in Apfelwein.

merluza (a la) koskera *w*: Seehechtmedaillons in Weinsauce mit Spargel und Erbsen.

marmitako *m*: Eintopf mit frischem Thunfisch *(bonito del norte)* und Kartoffeln.

queso Idiazábal *m*: Käse mit *membrillo* (Quittengelee).

panchineta de Tolosa *w*: mit Creme gefüllte Blätterteigteilchen.

Käse mit Gütesiegel:
Idiazábal *m*: berühmter baskischer Schafskäse mit leichtem Rauchgeschmack.

Getränke mit Gütesiegel:
Weine aus den D.O.s Arabako Txakolina-Txacolí de Álava, Chacolí de Bizcaia-Bizkaiko Txakolina und Chacolí de Getaria-Getariako Txakolina *m*: säuerliche, leichte Weiß-, aber auch Rotweine, die jung getrunken werden.

Pacharán *m*: Schlehenlikör.

Kantabrien

Wie in Galicien und Asturien bestimmen *mar y montaña*, Meer und Berge, auch im angrenzenden Kantabrien den Speiseplan. Eigentlich kann man die Küche des Landes in sechs Gruppen einteilen: Da sind einmal die Eintöpfe, dann Fisch und Meeresfrüchte, Fleisch, Käse, die Patisserie und nicht zuletzt der Schnaps, der in den Picos de Europa schon vor Jahrhunderten gebrannt wurde.

Produkte mit geschützter Herkunftsbezeichnung D.O.P. oder I.G.P.:
Carne de Cantabria (Rindfleisch); Sobao Pasiego (Gebäck und Süßwaren). Weiterhin von Qualität: besugo (Graubarsch), Wolfsbarsch (lubina), Sardellen (anchoas de Santoña), Tintenfisch (raba), Krebse (centollo, nécora), Hum-

mer (bogavante) und Langusten (langostas), Zicklein, Lamm und Schwein sowie Tresterschnaps (orujo).

Spezialitäten:
cocido montañés *m*: winterlicher Eintopf aus Bohnen und Kohl, evtl. Kartoffeln sowie Speck, Rippchen und Würsten vom Schwein.

marmita *w*: Eintopf aus frischem Thunfisch, dem *bonito del norte*, Kartoffeln, grüner Paprikaschote, Zwiebeln und Paprika, entspricht in etwa dem baskischen *marmitako*.

pochas con almejas *w pl*: Bohnenkerne mit Muscheln.

costillas adobadas *w pl*: gebeizte Schweinerippchen.

borrachos *m pl*: in Alkohol getränkte kleine Biskuits.

leche frita *w*: »gebratene Milch«, ein Pudding, in Stücke zerteilt und in der Pfanne gebraten.

sobaos pasiegos *m pl*: kleine Kuchen aus Mehl, Butter, Eiern, Zitronenschale und Rum oder Anis.

brazo de gitano *m*: Biskuitrolle.

quesada *w*: eine Art Käsetorte.

Ebenfalls probieren sollte man Naschereien wie *bizcochos de Santillana*, *rosquillas de Reinosa*, *tostadas de la Vega de Pas* und die *polkas* aus Torrelavega.

Käse mit Gütesiegel:
Picón Bejes-Treviso *m*: Blauschimmelkäse aus dem Valle Liébana, ähnlich dem cabrales aus Asturien.

Queso de Cantabria *m*: fetter Kuhmilchkäse, auch *queso de nata*, Sahnekäse, genannt.

Quesucos de Liébana *m pl*: verschiedenerlei althergebrachte zylinderförmige Käse aus Kuh-, Schafs- und Ziegenmilch.

Ohne Gütesiegel: Queso de Áliva *m*: geräucherter Kuhmilchkäse.

Queso Torta de Potes *m*: handgemachter Kuhmilchkäse.

Getränke mit Gütesiegel:
Costa de Cantabria und Liébana: Vinos de la Tierra

Das grüne Asturien lebt aus vielen Speisekammern. Das Beste aus Bergen, Meer, Flüssen, Wäldern, Weiden und fruchtbaren Gärten trägt zur Vielseitigkeit der traditionellen Küche des kleinen Fürstentums bei. Bemerkenswert ist die Vielfalt an Fisch und Meeresfrüchten, im Landesinneren dagegen schwört man auf Eintöpfe und Fleisch. Große Stücke hält man auf Süßspeisen und Backwaren, denn Kastanien, Äpfel, Nüsse, Beeren oder Honig sind reichlich vorhanden. Zu all dem gibt es den asturischen Apfelwein.

Produkte mit geschützter Herkunftsbezeichnung D.O.P. oder I.G.P.:

Faba Asturiana (große getrocknete weiße Bohne); Sidra de Asturias (Apfelwein); Ternera Asturiana (Fleisch); Chosco de Tineo (Hartwurst). Weiterhin: alle Arten von Fisch und Meeresfrüchten, im Landesinneren Fleisch.

Spezialitäten:

fabada asturiana *w*: Eintopf aus Bohnen, gesalzener, luftgetrockneter Schweinshaxe, Speck und Würsten.

fabes con almejas *w pl*: weiße Bohnen mit Muscheln.

besugo a la espalda *m*: Graubarsch, aufgeklappt und gegrillt oder gebraten.

arroz con pitu *m*: Reis mit Freilandhuhn.

lubina a la asturiana *w*: Wolfsbarsch mit Meeresfrüchten in einer Sauce aus Tomaten, Zwiebeln und Apfelwein.

bonito a la asturiana *m*: gebratene Thunfischscheiben mit Zwiebeln.

caldereta asturiana *w*: Fischtopf mit Paprikaschoten und pikanter Sauce.

merluza a la sidra *w*: Seehechtscheiben in Apfelweinsauce.

arroz con leche *m*: Milchreis.

Käse mit Gütesiegel:

Gamonedo *m*: scharfer asturischer Käse aus Kuh-, Schafs- und Ziegenmilch.

Afuega'l Pitu *m*: Frisch- oder Weichkäse aus Kuhmilch mit langer Tradition. Es gibt ihn in verschiedenen Formen und auch rot, wenn er mit Paprika gewürzt wurde.

Cabrales *m*: berühmter asturischer Blauschimmelkäse aus den Höhlen der Picos de Europa (Gebirge im Norden Spaniens), ursprünglich in Pflanzenblätter eingewickelt.

Ohne Gütesiegel: Queso Casín *m*: kräftiger Kuhmilchkäse.

Queso de los Beyos *m*: Kuhmilchkäse.

Queso de Urbiés *m*: weicher, cremiger Kuhmilchkäse.

Queso de La Peral *m*: Blauschimmelkäse.

Getränke mit Gütesiegel:

Sidra *w*: berühmter asturischer Apfelwein.

Cangas *m*: Herstellung geschützt unter Vino de la Tierra.

Galicien

Lugo, La Coruña, Pontevedra, Orense

Neben den höchsten Steilküsten des Kontinents befinden sich im Land am »Ende der Welt« einzigartige Flussmündungen, die fruchtbaren *rías*, an deren Ufern man dem Meer seine besten Früchte abgewinnt. Doch Galicien lebt nicht von der Küste allein, es lebt auch vom Land: Kartoffel- und Rübenacker werden ebenso kultiviert wie Austern- oder Muschelbänke, und das regenreiche Klima des Landes schafft extrem saftige Weiden für die einheimischen Rinder. Die Herstellung von Käse bietet sich da geradezu an.

Produkte mit geschützter Herkunftsbezeichnung D.O.P. oder I.G.P.:

Miel de Galicia (Honig); Patata de Galicia (Kartoffeln); Castaña de Galicia (Kastanien); Grelos de Galicia (Steckrübenblätter); Faba Lourenza (Bohnen); Pan de Cea (Backwaren); Mejillón de Galicia (Miesmuscheln); Lacón gallego (Fleisch, Wurst); Ternera gallega (Rindfleisch); Pemento da Arnoia, Pemento de Oímbra und Pimiento de O Couto (Paprikaschoten); Tarta de Santiago (Backwaren). Außerdem von Qualität: Fisch und Meeresfrüchte.

Spezialitäten:

empanada gallega *w*: traditionelle, mit Fleisch oder Fisch, Zwiebeln und Paprikaschoten gefüllte Pastete.

empanada de vieras *w*: mit dem Fleisch von Pilgermuscheln gefüllte Pastete.

pulpo a feira *m*: in Stücke geschnittener, gekochter Krake, auf dem Holzbrett mit Paprika und Olivenöl serviert.

merluza a la gallega *w*: Seehechtfilets auf gekochten Kartoffelscheiben mit Knoblauch und Zwiebeln.

pote gallego *m*: populärer Eintopf mit Kartoffeln, Schweinefleisch und Steckrübenblättern.

cachelos con sardinas *m pl*: Sardinen mit Kartoffeln.

cachelada gallega *w*: Krake mit Kartoffeln und Paprikaschoten.

caldeirada gallega *w*: verschiedene Fische und Meeresfrüchte mit Kartoffeln, in Meerwasser gekocht.

carne de ternera o caldeiro *w*: mariniertes, gekochtes Kalbfleisch.

Käse mit Gütesiegel:

Queso Tetilla *m*: milder Kuhmilchkäse in Kegelform.

Arzua-Ulloa *m*: traditioneller, fetter Kuhmilchkäse.

Cebreiro *m*: rustikaler klassischer Käse, in der Regel aus Kuhmilch, manchmal auch aus Ziegenmilch gemacht.

San Simón *m*: birnenförmiger Frischmilchkäse mit unverwechselbarer Räuchernote.

Getränke mit Gütesiegel:

Weine aus den Regionen Rías Baixas, Valdeorras, Ribeiro, Ribeira Sacra, Monterrei.

Valle del Miño-Ourense. Star in Galicien ist die weiße Albariñotraube, deren Weine so gut zu Fisch und Meeresfrüchten passen.

Barbanza e Ira und Betanzos *m pl*: Vinos de la Tierra.

Aguardiente de Hierbas de Galicia *m*: Kräuterschnaps.

Orujo de Galicia *m*: Tresterschnaps.

Licor Café de Galicia *m*: Kaffeelikör.

Castilla y León

León, Palencia, Burgos, Soria, Segovia, Valladolid, Zamora, Salamanca, Ávila

Nirgendwo werden die Kultur eines Volks, seine Traditionen und die Beschaffenheit eines Landes besser sichtbar als auf einem gedeckten Tisch. Besonders reich bestückt ist er, wenn das Land so vielfältig ist wie Castilla y León. Neun Provinzen teilen ihre Vorlieben, ihren Geschmack, haben aber über die Jahrhunderte hinweg ihre eigene Persönlichkeit bewahrt. Heute zählt die Gastronomie von Castilla y León zu den populärsten Spaniens und hat Einzug in die besten Restaurants gehalten. Die beliebteste Art der Zubereitung, das Braten von Spanferkel, Milchlamm, Zicklein, geschieht im Holzofen. Berühmt ist Castilla y León für seine Hülsenfrüchte, und da es an Süßwasser nicht mangelt, gibt es Forellen und Flusskrebse in erstklassiger Qualität. In jüngerer Zeit hat auch der Wein zum Ruhm des Landes beigetragen: In fünf geschützten Anbaugebieten kultiviert, gehört er mittlerweile weltweit zu den besten Tropfen.

Produkte mit geschützter Herkunftsbezeichnung D.O.P. oder I.G.P.:
Carne de Ávila und Carne de Morucha de Salamanca (Rindfleisch); Lechazo de Castilla y León (Lamm); Cecina de León, Botillo del Bierzo (Fleisch und Wurstwaren); Chorizo de Cantimpalos (Paprikawurst); Judías de El Barco de Ávila und Alubia de la Bañeza-León (Bohnen); Garbanzo de Fuentesáuco (Kichererbsen); Lenteja de Armuña, Lenteja Pardina de Tierra de Campos (Linsen); Pimiento asado del Bierzo und Pimiento de Fresno-Benavente (Paprikaschoten); Manzana Reineta del Bierzo (Äpfel); Guijuelo (luftgetrockneter Schinken); Mantequilla de Soria (Butter); Mantecadas de Astorga (Turrón, Marzipan).

Spezialitäten:
botillo de Bierzo *m*: Wurst mit allem, was die Schweineschlachtung abwirft.

cecina *w*: luftgetrocknetes Fleisch.

cocido maragato *m*: Kichererbsen mit neun verschiedenen Fleisch- und Wurstsorten, die Brühe wird als zweiter Gang serviert.

migas pastoriles *w pl*: geröstete Brotstückchen, Speck, Knoblauch und Salz.

lentejas zamoranas *w pl*: Linsen mit Blutwurst, Zwiebeln und Knoblauch.

judiones de la Granja *m pl*: Große weiße Bohnen mit *chorizo* (Paprikawurst) oder *morcilla* (Blutwurst).

bacalao ajoarriero *m*: Stockfisch mit Zwiebeln, Knoblauch, getrockneten Paprikaschoten und Petersilie.

yemas de Santa Teresa *w pl*: Konfekt aus Eiercreme.

ponche segoviano *m*: traditionelles Dessert aus Biskuit, mit Marzipan überzogen.

mantecadas de Astorga *w pl*: Buttergebäck.

Käse mit Gütesiegel:

Queso de Valdeón *m*: Schafskäse.

Queso Zamorano *m*: handgemachter Schafskäse.

Ohne Gütesiegel: Queso de Burgos *m*: Frischkäse, ursprünglich aus Schafsmilch, aus der Provinz Burgos.

Queso Valdeteja *m*: etwas scharfer Ziegenkäse aus der gleichnamigen Gegend in der Provinz León.

Queso del Tiétar *m*: Ziegenkäse.

Queso Castellano *m*: Schafskäse aus Rohmilch, auch aus Kuh- oder Ziegenmilch hergestellt.

Getränke mit Gütesiegel:

Weine mit geschützter Herkunftsbezeichnung: Ribera del Duero, Rueda, Toro, Bierzo, Cigales, Arlanza, Arribes, Sierra de Salamanca, Tierra de León, Tierra del Vino de Zamora, Valles de Benavete, Valtiendas.

Vinos de la Tierra de Castilla-León.

Von Madrid sagt man, es sei der größte Hafen des Landes, denn der beste Fisch und die feinsten Meeresfrüchte von Spaniens Küsten werden über Nacht herbeigeschafft. Ebenso reichhaltig ist das Angebot an Obst und Gemüse. Kurz: Es gibt nichts, was es nicht gibt, dank Mercamadrid, des Großmarkts, der zum größten Umschlagplatz in Europa geworden ist und weltweit zu einem der bedeutendsten Handelsplätze für Fisch. Doch Madrid kann auch auf eine breite Palette eigener Produkte aus dem Umland zurückgreifen: Spargel und Erdbeeren aus Aranjuez, Melonen aus Villaconejos, Knoblauch und Anisschnaps aus Chinchón, Olivenöl aus den südlichen Gemarkungen der Provinz, Oliven aus Campo Real oder Rindfleisch aus dem Guadarrama-Gebirge.

Produkte mit geschützter Herkunftsbezeichnung D.O.P. oder I.G.P.:
Carne de la Sierra del Guadarrama (Rindfleisch); Chinchón (Anisschnaps).

Spezialitäten:
cocido madrileño *m*: Eintopf mit Kichererbsen, Fleisch, Wurst, Huhn, Kohl, Rüben, Speck und Schinken, in drei Gängen serviert.

callos a la madrileña *m pl*: Kutteln mit Kalbsfüßchen, Paprikawurst und evtl. Schinken in würziger Sauce.

besugo a la madrileña *m*: gebratener Graubarsch.

pinchos *m pl* oder raciones *w pl*: Tapas, z. B. *jamón serrano y queso* (luftgetrockneter Schinken und Käse), *pescaíto frito* (frittierter Fisch), *tortilla española* (Kartoffeltortilla), *salazones* (eingesalzener und getrockneter Fisch), *ahumados* (Räucherfisch), gebratene *alcachofas* (Artischocken) und *berenjenas* (Auberginen), *caracoles* (Schnecken), *boquerones* (eingelegte Sardellen), *sepia* (Tintenfisch) und mehr.

torrijas *w pl*: Arme Ritter.

churros *m pl* und porras *w pl*: fettgebackene Spritzkuchen.

rosquillas *w pl*: Gebäckkringel.

Getränke mit Gütesiegel:
Vinos de Madrid.
Chinchón *m*: Anisschnaps.

Extremadura

Cáceres, Badajoz

Die Extremadura ist der unbekannte, stille Teil Spaniens, der wenig entwickelte und zugleich ländlichste Landstrich, der von Flusstälern, sanften Hügeln, Bergketten, weiten Ebenen mit Stein- und Korkeichenwäldern, *(dehesas)*, Olivenhainen, großen Stauseen und uralten Hirtenwegen *(cañadas)* geprägt ist. Hier wird Land- und Viehwirtschaft betrieben, was sich in der bäuerlichen Küche bemerkbar macht. Man setzt auf Qualität und bereitet einfache, aber mit viel Fantasie erdachte, von den Schätzen des Landes zeugende Gerichte. Wahrzeichen und ganzer Stolz ist das schwarze, behaarte, Eicheln fressende Iberische Schwein – Quell köstlicher Schinken und Würste.

Produkte mit geschützter Herkunftsbezeichnung D.O.P. oder I.G.P.:
Dehesa de Extremadura (Schinken und Würste); Cordero de Extremadura (Lamm); Ternera de Extremadura (Rind); Aceite de Monterrubio und Gata-Hurdes (Olivenöl); Pimentón de la Vera (über Eichenholz geräucherter Paprika); Cereza del Jerte (Kirschen); Miel Villuercas-Ibores (Honig). Außerdem: Wild und Wildgeflügel, Kastanien, Flussfische, Stockfisch, klösterliche Backwaren, Beeren.

Spezialitäten:
jamón ibérico *m*: Qualitätsschinken von der iberischen Schweinerasse *(cerdo ibérico).*
jamón de bellota *m*: Schinken von Schweinen, die nur mit Eicheln gemästet werden.
cañas de lomo *w pl*: luftgetrocknete Lende vom Schwein.
salchichón *m*: Hartwurst.

cocido extremeño *m*: Eintopf aus Kichererbsen, Gemüse, Rindfleisch und Würsten.

caldereta extremeña *w*: Zicklein- oder Lammfleisch in Leber-Knoblauch-Sauce.

gazpacho extremeño *m*: kalte Suppe aus Tomaten, Brot, Zwiebeln, Knoblauch und Öl.

gazpacho pastoril *m*: kalte Gurkensuppe.

arroz a la cacereña *m*: Reispfanne mit Kaninchen.

bacalao a la extremeña *m*: Stockfisch mit Kartoffeln und Spinat.

pisto de peces a la extremeña *m*: Eintopf aus Flussfischen, Tomaten und Paprikaschoten.

recado de patatas *m*: gebackene Kartoffeln in Sauce als Beilage zu Stockfisch.

perdices a la cartuja *w pl*: gefüllte Rebhühner in Weinsauce.

migas extremeñas *w pl*: mit durchwachsenem Speck, Knoblauch und Paprikaschoten geschmorte Brotstücke.

Käse mit Gütesiegel:

Queso Torta del Casar *m*: außergewöhnlicher weicher Schafskäse aus Cáceres.

Quesos La Serena *m*: Käse, ausschließlich aus der Milch von Merinoschafen hergestellt.

Ohne Gütesiegel: Queso de los Ibores *m*: Ziegenkäse.

Getränke mit Gütesiegel:

Wein aus der D.O. Ribera del Guadiana.

Castilla-La Mancha

Guadalajara, Cuenca, Toledo, Ciudad Real, Albacete

Im dünn besiedelten Castilla-La Mancha herrscht ein extremes Klima mit langen, heißen Sommern und rauen, sehr kalten Wintern, weshalb die Palette der angebauten Produkte und die Viehhaltung eingeschränkt sind. Doch spiegelt die Küche von Castilla-La Mancha nicht nur den harten Alltag der Bauern und Schäfer wider, geprägt ist sie auch von christlicher, jüdischer und arabischer Kultur, die das riesige Land beeinflussten, das während vieler Jahrhunderte die Grenze zwischen den muslimischen und christlichen Reichen war. Will man etwas über das Leben und die Küche Castilla-La Manchas erfahren, empfiehlt sich die Lektüre des »Don Quijote« von Miguel de Cervantes, der die Region mit seinem Roman berühmt gemacht hat.

Produkte mit geschützter Herkunftsbezeichnung D.O.P. oder I.G.P.:

Azafrán de la Mancha (Safran); Berenjena de Almagro (Auberginen); Ajo morado de las Pedroñeras (Knoblauch); Arroz de Calasparra (Reis), gebietsübergreifend; Cordero Manchego (Lamm); Mazapán de Toledo (Marzipan); Miel de Alcarria (Honig); Montes de Toledo, Aceite Campo de Montiel, Aceite de la Alcarria, Aceite Montes de Alcaraz, Aceite Campo de Calatrava (Olivenöl); Cebolla de La Mancha (Zwiebeln); Pan de Cruz de Ciudad Real (Backwaren).

Spezialitäten:

gazpacho manchego *m*: Wintergericht mit vielen Kombinationsmöglichkeiten aus Wild, Kartoffeln, Pilzen, Ei, Schweinefleisch, *chorizo* u.a. Zum Andicken gibt man die *torta*, einen dünnen Fladen Brot bei.

morteruelo manchego *m*: eine Art Wildterrine aus Hase, Huhn, Leber, Schweinelende und Walnüssen.

zarajos *m pl*: Kutteln vom Lamm.

chochifrito *m*: Lamm mit Tomate, Ei, Safran und Weißwein.

judías con perdiz *w pl*: Bohnen mit Rebhuhn.

perdices a la manchega *w pl*: Rebhühner mit Schinken in Kräutersauce.

tortilla a la magra *w*: Schinkenomelett.

pisto manchego *m*: Gemüsegericht aus roter und grüner Paprikaschote, Tomaten, Zucchini und Ei.

gachas *w pl*: Mehlbrei mit gerösteten Speckscheiben, Paprikapulver und evtl. der Leber vom Schwein.

migas *w pl*: geröstete Brotwürfel mit Schinken, Speckgrieben und Knoblauch.

tiznao *m*: Stockfisch mit getrockneten Paprikaschoten.

atascaburras *w pl*: Gericht aus Stockfisch, Kartoffeln, Knoblauch, Eiern und Olivenöl.

salpicón *m*: eine Art Fleischsalat aus kalten Resten mit Zwiebeln, Paprikaschote, Tomate, alles kichererbsengroß geschnitten und mit einer Vinaigrette angemacht.

bizcochos borrachos *m pl*: mit Alkohol getränkte kleine Kuchen.

arrope *m*: eingedickter Fruchtsaft.

alajú *m*: Paste aus Honig und Nüssen, zwischen zwei Oblaten gestrichen.

Auch Süßspeisen wie *miguelitos de Roda, natillas pestiñadas* oder *hojuelas a la miel* sollten probiert und dazu das typische Getränk *cuerva* aus Wasser, Zucker, Wein und Zitrone oder ein *resolí* (Kaffeelikör) getrunken werden.

Käse mit Gütesiegel:
Queso Manchego *m*: berühmter Schafskäse, wobei es große Qualitätsunterschiede gibt.
Ohne Gütesiegel: Queso de Oropesa *m*: Schafskäse aus der Provinz Toledo.

Getränke mit Gütesiegel:
Weine mit geschützter Herkunftsbezeichnung: Almansa, Jumilla, Manchuela, La Mancha, Méntrida, Mondéjar, Pago Florentino, Dominio de Valdepusa, Finca Élez, Guijoso, Ribera del Júcar, Campo de la Guardia, Casa del Blanco; Dehesa de Carrizal, Uclés, Valdepeñas.
Probieren Sie Weine wie Pago Florentino, Dominio de Valdepusa oder Finca Élez aus dem größten Weinanbaugebiet Spaniens. Auch die Vinos de la Tierra de Castilla bieten einige Überraschungen.

Comunidad Valenciana

Castellón, Valencia, Alicante

Valencianos pflegen ihre Traditionen, vor allem die kulinarischen und damit hauptsächlich ihre Gerichte mit Reis – der gut und gerne als Visitenkarte für das Land gelten kann. Star ist die Paella. Doch die valencianische Reisküche beschränkt sich beileibe nicht nur auf das Pfannengericht mit der leckeren Kruste. Neben den trockenen Reisgerichten existieren eine Vielzahl mehr oder weniger flüssiger Varianten *(caldoso, meloso)*, die den Geschmack von Fisch und Fleisch genauso absorbieren wie von Kardenartischocken, weißen Bohnen, Schweinswürsten, Spinat, Linsen, weißen Rüben oder – in der Fastenzeit – gar Stockfisch und Blumenkohl. Womit schon mehrere traditionelle Rezepte aufgezählt wären.

Produkte mit geschützter Herkunftsbezeichnung D.O.P. oder I.G.P.:

Arroz de Valencia (Reis); Chufa de Valencia (Erdmandel); Cítricos de Valencia (Zitrusfrüchte); Nísperos de Callosa d'en Sarrià (Mispeln); Aceite de la Comunitat Valenciana (Olivenöl); Alcachofa de Benicarló (Artischocken); Cerezas de la Montaña de Alicante (Kirschen); Jijona und Turrón de Alicante (Mandelkonfekt); Kaki Ribera del Xúquer (Kakifrüchte); Uva de Mesa embolsada Vinalopó (in der Tüte reifende Trauben).

Spezialitäten:

paella valenciana *w*: enthält neben Reis und Safran Hühnchen oder Kaninchen, spezielle große Bohnen *(garrofones)*, Tomaten, Artischocken oder Schnecken, aber keinen Fisch. Original ist die Zubereitung über Holzfeuer.

paella alicantina *w*: enthält Rippchen, Huhn oder Kaninchen, Tomate, *ñora* (spezielle getrocknete Paprikaschote), Fisch und Meeresfrüchte. Der Safran wird leider oft durch *colorante*, gelben Farbstoff, ersetzt.

arroz a banda *m*: Fisch und Meeresfrüchte mit Reis, der in der Fischbrühe gekocht wird. Beides wird getrennt serviert. Dazu gibt es Alioli, Knoblauchmayonnaise.

fideuà *w*: spezielle kleine Nudeln mit Fisch und Meeresfrüchten, wie Paella in der Pfanne zubereitet. Typisch in Gandía (Provinz Valencia).

langostinos *m pl*: Garnelen aus Vinaroz.

gambas rojas *w pl*: große rote Garnelen aus Dénia.

puchero con pulpo *m*: Eintopf mit Krake.

salazones *m pl*: getrockneter gesalzener Fisch, z. B. *mojama* aus dem besten Stück des Thunfischs.

puchero *m*: reichhaltiger Eintopf mit Fleisch und Würsten, Kichererbsen, Süßkartoffeln und Kardenartischocken. Dazu werden *pelotas*, eine Art Kohlroulade, gereicht. Man isst den *puchero* in drei Gängen: zuerst als Nudelsuppe mit Safran und Zitrone, dann kommen Fleisch und Kartoffeln auf den Tisch, und zuletzt die *pelotas*.

pericana *w*: Stockfisch mit *ñora* (getrocknete Paprika), Knoblauch und Olivenöl.

suc de peix *m*: Fischeintopf mit Kartoffeln.

aspencat *m*: Aubergine, Paprika, Zwiebeln und Tomaten werden im Ofen geröstet, bis die Haut schwarz ist und Blasen wirft. Dann wird das Gemüse gehäutet und in Streifen geschnitten, mit grobem Meersalz gewürzt und großzügig mit Olivenöl übergossen.

coca *w*: pizzaähnlicher Fladen mit Wurst und Sardelle oder – an Johanni – mit Thunfisch belegt.

olleta de blad *w*: Eintopf mit Weizen aus dem Hinterland Alicantes.

pilotes de dacsa *w pl*: Fleischklöße, mit Maismehl hergestellt.

horchata *w*: erfrischende Erdmandelmilch.

buñuelos de calabaza *m pl*: mit Kürbis gefüllte Beignets.

empanadillas de boniato *w pl*: mit Süßkartoffel gefüllte Teigtäschchen.

Probiert werden sollten auch *roscones, rollitos de anís, rosegons de almendra, flaons*, der weihnachtliche Mandelkonfekt *turrón* und vieles mehr.

Käse:

Queso Blanquet *m*: Ziegenkäse aus der Provinz Alicante.

Queso de La Nucía *m*: Käse aus Ziegen- oder auch Kuhmilch.

Queso de Cassoleta *m*: Käse in spezieller Form von Schafs-, Ziegen- oder Kuhmilch oder als Mischung. Wird wegen seines salzigen Geschmacks auch *saladito valenciano*, salziger Valenciano, genannt.

Queso de Servilleta *m*: Käse von Schaf oder Ziege, auch als Mischung, mit einem Muster von dem Tuch, der »Serviette«, in das er gepackt wird.

Getränke mit Gütesiegel:
Weine aus Alicante, Utiel-Requena und Valencia. Eine alte
autochthone Rebsorte ist die Monastrell. Sie ergibt alko-
holreiche Weine. Von der Moscateltraube dagegen stam-
men fruchtige, typisch mediterrane Weißweine.
Sekt aus der D.O. Cava.
Anís Paloma Monforte del Cid *m*: Anissschnaps.
Aperitivo Café de Alcoy *m*: Kaffeelikör.
Cantueso alicantino *m*: Kräuterlikör.
Herbero de la Sierra de Mariola *m*: Kräuterlikör.
Castelló und El Terrerazo: Vinos de la Tierra.
Beliebt sind auch: mistela (Traubenmost), agua de Valencia
(Orangensaft, Sekt, Wodka, Gin und Zucker) und der
nardo aus dem Fischerort Villajoyosa, ein *café granizado*
(geeister Kaffee) mit einem Schuss roter Absinth.

Murcia

Vor sich zwei Meere, im Rücken fruchtbares Gartenland –
Murcia kann wahrlich aus dem Vollen schöpfen. Dazu ein
noch aus arabischer Zeit herrührendes Bewässerungssystem,
da fragt man sich, warum die murcianische Küche nie in
dem Maße bekannt wurde wie andere Küchen Spaniens. Ob-
ligatorisch sind Paprikaschoten. Auch solche der besonderen
Art, z. B. wie die kleinen, runden, getrockneten *ñoras*, uner-
lässlich in jeder Paella und anderen traditionellen Gerichten.
In Murcia wetteifern Doraden mit Meeräschen. Die beliebten Süßspeisen aus Trockenfrüchten und Honig wiederum
zeugen von der langen Anwesenheit der Araber. Kaninchen,
Lamm und Würste dagegen sind Einwanderer aus La Mancha und bilden einen abwechslungsreichen Kontrast zum
mediterranen Geschmack.

Produkte mit geschützter Herkunftsbezeichnung
D.O.P. oder I.G.P.:
Arroz de Calasparra (Reis); Pimentón de Murcia (Paprika);
Pera de Murcia (Birnen). Weiterhin erwähnenswert: Pa-

prikaschoten, Safran, Rogen der Meeräsche (huevas de mújol), Garnelen (langostinos) aus dem Mar Menor, luftgetrockneter Schinken (jamón serrano), ausgezeichnete Würste und Schinken vom Chato murciano (Abkömmling des Iberischen Schweins), eingesalzener, luftgetrockneter Fisch (salazones), Oliven, Knoblauch.

Spezialitäten:

michirones *m pl*: Saubohnen, mit einem Schinkenknochen, Speck und Paprikawurst gekocht, gewürzt mit heimischem Paprika, Knoblauch und scharfer Pfefferschote.

arroz viudo *m*: Reisgericht, z. B. mit Kichererbsen und Spinat, ohne Fleisch.

mondongo *m*: Reis mit Kichererbsen, Tomaten und Fleisch und Würsten vom Schlachten.

cordero a la llanda *m*: Lamm mit Paprikaschoten und Kartoffeln, mit Knoblauchsauce im Ofen gebacken.

chuletas de cordero al ajo cabañil *w pl*: Lammkoteletts in einer Marinade aus Knoblauch, Essig und Lorbeerblatt.

dorada a la sal *w*: Goldbrasse, im Salzmantel gegart.

caldero del Mar Menor *m*: Fischtopf mit Reis, Knoblauch, Zwiebeln, Tomaten, getrockneter Paprikaschote und Safran.

pipirrana *w*: Salat auf der Basis von Tomaten, grünen Paprikaschoten, Thunfisch und Ei oder mit Gurke zu kaltem Fisch oder Fleisch.

tocino de cielo *m*: Himmelsspeck, sehr süßes Dessert aus Eiern und Zucker.

paparajotes *m pl*: mit Teig umhüllte Zitronenblätter, die frittiert und mit Zimt und Zucker bestreut gegessen werden.

Auch Süßes wie *yemas de Caravaca* (Eidotterkonfekt), Marzipan aus Moratalla oder die *bizcochos borrachos*, in Likör getränkte kleine Kuchen, sollten nicht verschmäht werden, dazu vielleicht ein *café asiatico* mit süßer Kondensmilch, *Licor 43*, Cognac, Zimt, Zitronenschale sowie exakt drei Kaffeebohnen.

Käse mit Gütesiegel:

Queso de Murcia *m*: fetter Ziegenkäse in zylindrischer Form.

Queso de Murcia al vino *m*: Ziegenkäse, während der Reife in Rotwein gebadet, was ihm besondere Würze verleiht.

Getränke mit Gütesiegel:
Weine aus Bullas, Jumilla und Yecla. Ein Geheimtipp! Auch hier dominiert die Monastrelltraube.
Vinos de la Tierra: Murcia, Abanilla und Campo de Cartagena.

Andalusien

Almería, Granada, Jaén, Córdoba, Málaga, Sevilla, Cádiz, Huelva

»Andalucía es única« – Andalusien ist einzigartig, wirbt die südlichste Autonome Region mit der bekanntesten Küche Spaniens für sich. Und einzigartig ist auch die Liste kulinarischer Spezialitäten. Zu verdanken hat es diese nahrhafte Fülle unter anderem Phöniziern, Römern und Arabern. Sie alle haben im Laufe der Geschichte zur Gastronomie des Landes beigetragen. Olivenöl, Brot, Knoblauch – das sind die drei Pfeiler, auf denen die Küche Andalusiens ruht. Davon zeugt auch die Vorliebe für entsprechende Gerichte wie die *migas*, ein Landarbeiteressen aus altbackenem Brot, Speck und Knoblauch, oder die ganze Reihe traditioneller kalter Suppen von *gazpacho* über *ajoblanco* bis *salmorejo*. Hartnäckig hält sich die Meinung, die beliebten Tapas stammten ursprünglich aus Andalusien – was eigentlich einleuchtet, denn es kann gut sein, dass man mit der Scheibe Brot auf dem Glas, der *tapa*, nicht nur die Moskitos fernhalten wollte, sondern gleichzeitig das Brot brauchte, um den alkoholreichen Wein aus Jerez besser zu vertragen.

Produkte mit geschützter Herkunftsbezeichnung D.O.P. oder I.G.P.:
Aceituna Aloreña de Málaga (Oliven), Antequera, Baena, Estepa, Lucena, Montes de Granada, Montoro-Adamuz, Poniente de Granada, Priego de Córdoba, Sierra de Cádiz, Sierra de Cazorla, Sierra de Segura, Sierra de Mágina (Oli-

venöl); Jamón de Trevélez und Jamón de Huelva (Schinken und Wurst); Caballa de Andalucía (Makrele); Melva de Andalucía (Thunfisch); Tomate La Cañada-Níjar (Tomaten); Espárrago de Huétor-Tájar (Spargel); Vinagre de Jerez, Vinagre de Montilla-Moriles und Vinagre del Condado de Huelva (Essig); Chirimoya de la Costa Tropical de Granada-Málaga (Rahmapfel); Miel de Granada (Honig); Alfajor de Medina Sidonia (Gewürzkuchen); Mantecados de Estepa (süßes Gebäck).

Spezialitäten:

migas a la serena *w pl*: mit Knoblauch, Speck und Grieben gebratene Brotstücke.

gachas gaditanas *w pl*: dicker Mehlbrei, mit Anis gewürzt und mit Milch übergossen.

gazpacho andaluz *m*: kalte Suppe aus pürierten rohen Tomaten, Paprikaschoten, Gurke, evtl. Zwiebeln mit Öl, Essig und Wasser, gewürzt mit Salz und etwas Kümmel.

ajoblanco con uvas *m*: kalte Suppe aus Knoblauch, Mandeln, Brot und Wasser mit Trauben.

salmorejo *m*: etwas dickere kalte Suppe aus Tomaten, Knoblauch, Brot, Essig und Öl, als Einlage z. B. hart gekochtes Ei und Schinken.

gambas de Huelva *w pl*: Garnelen.

langostinos de Sanlúcar de Barrameda *m pl*: Garnelen.

urta a la roteña *w*: regionale Meerbrasse im Ofen gebacken.

espetones del palo *m pl*: auf Holzspieße gesteckte Sardinen, über Holzfeuer im Freien gebraten.

pescaíto frito *m*: frittierte Kleinfische.

boquerones en ecabeche *m pl*: eingelegte Sardellen.

chocos *m pl*: kleine Tintenfische, typisch für Huelva.

soldaditos de Pavía *m pl*: mit Ei panierte, ausgebackene Stockfischstückchen.

gambas en gabardina *w pl*: Garnelen im Teigmantel.

riñones al jerez *m pl*: Nieren in Sherrysauce.

flamenquillos *m pl*: mit Schinken aufgerollte dünne Fleischscheiben, die paniert und frittiert werden.

suspiros de monja *m pl*: »Seufzer der Nonne«, ein Zuckergebäck.

huesos de santos *m pl*: »Heiligengebeine«, gefüllte Marzi-
panröllchen.
cabello de ángel *m*: »Engelshaar«, eine Art Marmelade aus
Kürbis zum Füllen von Gebäck.

Käse ohne Gütesiegel:
Picón *m*: würziger Ziegenkäse.
Pedroches *m*: pikanter Schafskäse aus der Provinz Córdoba.
Queso de la Calahorra *m*: aromatischer Schafskäse aus der
Provinz Granada.
Andévalo *m*: Schafskäse aus der Provinz Huelva.
Aracena *m*: scharfer Ziegenkäse aus Huelva.
Grazalema *m*: Ziegen- oder Schafskäse aus Cádiz.
Quesitos de Zuheros *m pl*: Ziegenkäse aus Córdoba.

Getränke mit Gütesiegel:
Weine mit D.O. aus Condado de Huelva, Granada, Lebrija,
Málaga, Montilla-Moriles, Sierras de Málaga, Jerez-Xérès-
Sherry, Manzanilla Sanlúcar de Barrameda.
Probieren Sie einmal einen Manzanilla – nein, keinen Kamil-
lentee, einen leichten trockenen Sherry aus Sanlúcar de
Barrameda, der nach Meer schmeckt.
Vinos de la Tierra: Altiplano de Sierra Nevada, Bailén, Cádiz,
Córdoba, Cumbres de Guadalfeo, Desierto de Almería,
Laderas de Genil, Laujar-Alpujarra, Los Palacios, Norte de
Almería, Ribera de Andarax, Sierra Norte de Sevilla, Si-
erra Sur de Jaén, Sierras de las Estancias y los Filabres,
Torreperogil, Villaviciosa de Córdoba.
Brandy de Jerez: Branntwein.

Balearen

Mallorca, Menorca, Ibiza, Formentera

Die Balearen und speziell Mallorca haben sich zu einem der
wichtigsten Touristenziele in Europa entwickelt. Da wundert
es nicht, dass an jeder Ecke der Inseln ein Restaurant mit internationaler, bunter Küche zu finden ist. Aber es ist auch nicht

schwierig, gute Restaurants auszumachen, wo man traditionelle Gerichte der balearischen Gastronomie probieren kann. Und die ist schnell beschrieben: Man isst, was selbst kultiviert und aufgezogen worden ist. Gemüse, Früchte, Hülsenfrüchte, Lamm, Schwein oder Spanferkel – und das Meer liefert gratis eine immense Auswahl an Fisch und Meeresfrüchten.

Produkte mit geschützter Herkunftsbezeichnung D.O.P. oder I.G.P.:

Sobrasada de Mallorca (streichfähige Paprikawurst); Aceite de Mallorca (Olivenöl); Ensaimada de Mallorca (zur Schnecke aufgerolltes Hefegebäck, mit Schweineschmalz hergestellt). Erwähnenswert unter anderem: Feigen, Mandeln, Produkte vom einheimischen schwarzen Schwein, Kartoffeln, Tomaten, Paprika, Auberginen, Kürbis, Fisch und Meeresfrüchte, Kapern, Mayonnaise und Gin aus Menorca sowie das außergewöhnliche Meersalz Flor de Sal d'Es Trenc, von der Deutschen Katja Wöhr auf Mallorca gewonnen.

Spezialitäten:

sopa mallorquina *w*: dicke Suppe aus Graubrot, Tomaten, Kohl, Zwiebeln und Knoblauch, die je nach Haushalt und Jahreszeit variiert und auch Fleisch enthalten kann.

tumbet *m*: Auflauf aus Auberginen und Kartoffeln mit einer Sauce aus Tomaten und Paprikaschoten.

burrida de ratjada *w*: gekochter Rochen mit Mandeln (Ibiza).

caldereta de langosta *w*: Fischtopf aus Langustenstücken, Paprikaschote, Zwiebeln, Knoblauch und Kräuterlikör (Menorca).

llampuga *w*: Goldmakrele, meist gebraten mit Paprikaschoten und Kartoffeln.

lomo con col *m*: Schweinerücken mit Kohl, Pinienkernen, Rosinen und Blutwurst geschmort.

arròs brut *m*: »schmutziger Reis«, etwas flüssiges Reisgericht, ursprünglich mit Hasenfleisch hergestellt, heute sind eher Huhn, Kaninchen oder Schweinefleisch enthalten sowie Tomaten, Zwiebeln, Artischocken etc.

escaldums *m pl*: geschmorte Hähnchen- oder Truthahnstücke in Tomaten-Zwiebel-Knoblauch-Sauce.

frit mallorquí *m*: gebratene Innereien vom Lamm mit Gemüse, Knoblauch und Fenchel.

greixonera d'aubergínies *w*: im Tontopf mit Ei überbackener Auberginenauflauf mit Alioli.

huevos al estilo Sóller *m pl*: Eier auf *sobrasada* (Paprikastreichwurst) gebraten, mit Gemüsesauce bedeckt.

cocques *w pl*: pizzaähnliche Fladen, mit Gemüse, Fisch, Fleisch oder Wurst belegt.

pa amb oli *m*: Brot mit geriebener Tomate, Knoblauch und Olivenöl.

pa de figa *m*: Feigenbrot aus getrockneten Feigen und gemahlenem Anis mit einem Schuss Anislikör.

gató *m*: Mandelkuchen, begleitet von Eis.

Käse mit Gütesiegel:

Mahón-Menorca *m*: leicht säuerlicher Hart- oder Weichkäse aus Menorca.

Getränke mit Gütesiegel:

Weine aus den Anbaugebieten Binissalem und Pla i Llevant.

Vinos de la Tierra: Formentera, Ibiza, Illes Balears, Isla de Menorca, Mallorca, Serra de Tramuntana-Costa Nord.

Hierbas de Mallorca und Hierbas Ibicencas *w pl*: Kräuterliköre auf der Basis von Anis.

Palo de Mallorca *m*: süßer Likör aus dem Samen des Johannisbrotbaums *(algarrobo)*, wird meist mit Gin vermischt.

Außerdem: der einheimische Gin aus Menorca.

Kanarische Inseln

**Westliche Provinz Santa Cruz de Tenerife
mit den Inseln Teneriffa, La Gomera,
La Palma, El Hierro
Östliche Provinz Las Palmas de Gran Canaria mit
den Inseln Gran Canaria, Lanzarote, Fuerteventura**

Die Gastronomie der Kanarischen Inseln war im Laufe ihrer Geschichte vielen Einflüssen unterworfen – ein letztes

Überbleibsel aus längst vergangenen Zeiten ist das *gofio*, ein Brei aus Gerste, der die Nahrungsgrundlage der Urbevölkerung, der Guanchen, bildete. Als die spanischen Eroberer im 15. Jahrhundert die Inseln endgültig unterwarfen und sie als Handelsplatz auf ihrem Weg nach Amerika nutzten, war der spanische Einfluss der wichtigste für die Inseln. Schließlich gehörten sie fortan zu Europa, obwohl sie vor der westafrikanischen Küste liegen. Die Konquistadoren brachten Kartoffeln, Tomaten, Bananen und Gewürze mit, mehrere Aus- und Einwanderungswellen taten ein Übriges für einen regen Kulturaustausch zwischen den Kontinenten und die kulinarische Vielfalt der kanarischen Küche, zu der heute auch zahlreiche südamerikanische Speisen zählen.

Produkte: Kartoffeln, Tomaten, Bananen, Kichererbsen, Yamswurzel, Süßkartoffeln, Fisch, Fleisch und Würste.

Spezialitäten:
papas arrugadas con mojo *w pl*: Kartoffeln, in viel Meersalz gekocht, bis die Schale runzlig wird. Sie werden in die pikante rote *mojo rojo* oder die grüne Kräutersauce *mojo verde* gedippt.

morcilla *w*: Blutwurst, mit Süßkartoffeln, Mandeln und Rosinen hergestellt.

puchero canario *m*: Eintopf aus Kichererbsen, Fleisch, Speck, Wurst, Süßkartoffeln, Kürbis, Birnen, Yamswurzel und Kohl.

escaldón *m*: dicke Suppe aus *gofio* (heute wird Maismehl statt Gerste verwendet), grünen Paprikaschoten, Speck und Knoblauch.

conejo en salmorejo *m*: eingelegtes Kaninchen.

rancho canario *m*: dicke Suppe aus Kichererbsen, Nudeln, Schweinefleisch und Paprikawurst.

sancocho canario *m*: mit Kartoffeln und Süßkartoffeln gekochter Stockfisch, dazu die scharfe Sauce *mojo rojo*.

caldo guanche *m*: Gemüsecremesuppe.

potaje de berros *m*: Kressesuppe.

potaje de jaramagos *m*: Suppe aus Schöterich (einheimische Pflanze).

bienmesabe *m*: Süßspeise aus Palmsirup *(miel de palma)*,
  Mandeln, Eiern und Zwieback oder Löffelbiskuits.
quesadillas *w pl*: kleine Käsekuchen.
truchas *w pl*: Weihnachtsgebäck aus Blätterteig, gefüllt mit
  Süßkartoffelcreme.

Käse mit Gütesiegel:
Queso de Flor de Guía o Queso de Guía *m*: Ziegenkäse aus
  Gran Canaria.
Palmero *m*: scharfer Käse aus Schafs- und Ziegenmilch aus
  La Palma.
Majorero *m*: scharfer Ziegenkäse aus Fuerteventura.
Ohne Gütesiegel: Queso Herreño *m*: Ziegenkäse.
Queso de la Gomera *m*: Ziegenkäse.
Queso de Lanzarote *m*: Ziegenkäse.
Almogrote *m*: Ziegenkäse, für *mojo de queso* verwendet.

Getränke mit Gütesiegel:
Weine aus den kontrollierten Anbaugebieten Abona, El
  Hierro, Gran Canaria, La Gomera, La Palma, Lanzarote,
  Tacoronte-Acentejo, Valle de Güimar, Valle de la Orotava
  und Ycoden-Daute-Isora.
Ronmiel de Canarias *m*: Rumspezialität mit Honig.

Ceuta y Melilla

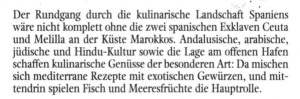

Der Rundgang durch die kulinarische Landschaft Spaniens
wäre nicht komplett ohne die zwei spanischen Exklaven Ceuta
und Melilla an der Küste Marokkos. Andalusische, arabische,
jüdische und Hindu-Kultur sowie die Lage am offenen Hafen
schaffen kulinarische Genüsse der besonderen Art: Da mischen
sich mediterrane Rezepte mit exotischen Gewürzen, und mit-
tendrin spielen Fisch und Meeresfrüchte die Hauptrolle.

Ceuta
Produkte: Thunfisch, auch gesalzen und getrocknet als bonito seco, Melva, Makrele (caballa), Sardellen (boquero-

nes), Steinbutt (rodaballo), Tintenfisch (Krake, Kalmar), Garnelen (gambas blancas oder »de padrón«) und eine große Anzahl weiterer Meeresfrüchte sowie von arabischer Seite Mandeln, Honig und kandierte Früchte, Minztee (té de hierbabuena).

Spezialitäten:
estofado de melva *m*: Thunfischeintopf, dem baskischen *marmitako* ähnlich, mit dem Unterschied, dass man aus Haut und Gräten einen Fischfond kocht, der das Ganze konzentrierter im Geschmack macht. Dazu Tomaten, Paprikaschoten, Zwiebeln und Kartoffeln.

pastel de bonito ceutí *m*: eine Art Pudding aus Thunfisch, dazu Salat, hart gekochtes Ei und Paprikaschote, begleitet von Mayonnaise und Oliven oder Kapern.

caballa a la Mar Chica *w*: Makrele, im Tontopf geschmort.

flan de almendras Revellín *m*: Mandel-Karamell-Pudding.

trenzas de Agustina *w pl*: einheimisches Dessert, ähnlich den *rosquillas* (kranzförmiges Gebäck) auf dem spanischen Festland, aber mit Honig, Mandeln, Pinienkernen oder kandierten Früchten.

Melilla
Produkte: Thunfisch, Tintenfisch, Weißgrundel (winzige Fischchen, die in Öl ausgebacken werden), in Salzlake eingelegte Sardellen (anchoas en salmuera), Meerbarben (salmonetes), Sardinen, Seeteufel (rape), Garnelen und Kaisergranat (Scampi), Lamm und Rind, Kichererbsen, Spargel, Tomaten, Bohnen, Artischocken, Melonen und Orangen, Minztee (té de hierbabuena).

Spezialitäten:
pastel de pescado *m*: Hornhecht *(aguja)*, Seeteufel *(rape)*, Garnelen und Scampi sind Hauptzutaten dieses »Puddings«, die Fischarten können sich aber nach Geschmack auch ändern.

cazuela de rape a la Rusadir *w*: ein Fischtopf aus Felsenfischen wie Kleiner Rotbarsch *(gallina)* und Gestreifter Seehahn *(rubio)* sowie Garnelen *(gambas)*, begleitet von im

Mörser zerstoßenen roten Paprikaschoten *(ñora)*, Petersilie, Paprika und Tomaten.

fritura de pescado *w*: verschiedene kleine Fische und Tintenfische, frittiert.

choco de garbanzos *m pl*: kleine Tintenfische mit Kichererbsen als eine Art Eintopf.

pinchos morunos de cordero *m pl*: Lammspieße, gewürzt mit Paprika, Pfeffer, Kreuzkümmel, Safran und Koriander.

couscous *m*: eine Art Eintopf aus Lamm, Gemüse und Weizengrieß mit Gewürzen.

fideos al Corinto *m pl*: Hühnchen, Rosinen, Zimt, Petersilie, Trockenpflaumen, Zucker und Mandeln, ähnlich dem Tahiné.

bonito seco en ensalada *m*: Salat aus gesalzenem, getrocknetem Thunfisch, eingelegten Sardellen und Tomaten.

adafina *w*: sephardischer Eintopf aus Kartoffeln, Kichererbsen, Lamm oder Rind sowie Zwiebeln und hart gekochten Eiern, die mit ihrer Schale serviert werden.

baigan bharta *m*: pikante Auberginen mit Gewürzen wie Kurkuma, Koriander und scharfer Pfefferschote (aus der Hindu-Küche).

baisa o baisara *w*: getrocknete Erbsen und dicke Bohnen werden in Hühnerbrühe weich gekocht, püriert und mit Kreuzkümmel gewürzt (arabisch).

samosas *w pl*: knusprige Teigtaschen, gefüllt mit Kartoffeln, Erbsen, Zwiebeln, frischem Koriander, Kreuzkümmel und Zitrone (Hindu-Küche).

tortilla de colores *w*: hat seinen Namen vom Gelb des Omeletts, dem Orange der Möhren und dem Grün der Erbsen.

chebakia *w*: wie eine Blume geformtes Gebäck, frittiert, mit Honig überzogen und mit Sesam bestreut.

jeringos *m pl*: Fettgebackenes in Form eines aufgerollten *churro* (Spritzkuchen), wird zum Frühstück gegessen.

pañuelos *m pl*: Crêpes ähnlich.

abadejo *m*	Pollack, Fisch, oft mit Kabeljau *(bacalao)* verwechselt
abierto festivos	an Feiertagen geöffnet
abierto todos los días	täglich geöffnet
abrelatas *m*	Dosenöffner
abridor *m*	Flaschenöffner
acedera *w*	Sauerampfer
aceite *m*	Öl
aceite de girasol *m*	Sonnenblumenöl
aceite de nueces *m*	Walnussöl
aceite de oliva *m*	Olivenöl
aceite de oliva virgen extra *m*	natives Olivenöl
aceite de soja *m*	Sojaöl
aceite vegetal *m*	Pflanzenöl
aceitunas *w pl*	Oliven
aceitunas negras *w pl*	schwarze Oliven
aceitunas rellenas *w pl*	gefüllte Oliven
aceitunas rellenas de anchoas *w pl*	mit Anchovis gefüllte Oliven
aceitunas verdes *w pl*	grüne Oliven
acelgas *w pl*	Mangold
acelgas con pasas y piñones *w pl*	Mangold mit Rosinen und Pinienkernen (Balearen)
acidez *w*	Säuregehalt
ácido	sauer
aderezar	würzen; anmachen (Salat)
aderezo *m*	Würzen, Salatdressing
aditivos *m pl*	Zusatzstoffe
adobado	gebeizt
adobo *m*	Beize
agridulce	süßsauer
agrio	sauer
aguacate *m*	Avocado
agua del grifo *m*	Leitungswasser
agua de manantial *m*	Quellwasser
agua mineral con gas *m*	Mineralwasser mit Kohlensäure

agua mineral sin gas *m*	Mineralwasser ohne Kohlensäure
agua no potable *m*	kein Trinkwasser
agua potable *m*	Trinkwasser
aguardiente *m*	Branntwein, Schnaps
aguardiente de hierbas *m*	Kräuterschnaps
aguardiente de orujo *m*	Tresterbranntwein (galicische Spezialität)
ahumado	geräuchert
ahumados *m pl*	Räucherwaren
ajedrea *w*	Bohnenkraut
ajete *m*	junger Knoblauch
ajiaceite *m*	Sauce aus Knoblauch und Öl
ajilimójili *m*	pikante Sauce aus Knoblauch, Paprika, Petersilie, Öl und ein paar Tropfen Essig
al ajillo	mit Knoblauch gebraten
ajo *m*	Knoblauch
ajoarriero *m*	Gericht mit Stockfisch, Tomate, Knoblauch und Ei
ajoblanco *m*	kalte Knoblauch-Mandel-Suppe
ajo blanco extremeño *m*	Knoblauchsuppe mit Brot
ajo cabañil *m*	Sauce aus Knoblauch, Essig und Zucker (Murcia)
ajo colorado *m*	Art Püree aus Kartoffeln, Tomaten, Zwiebeln, Knoblauch und getrockneten Paprikaschoten (Andalusien)
ajonjolí *m*	Sesam
ajo de peces de río *m*	Gericht aus Flussfischen und Knoblauch (Extremadura)
ajos tiernos *m pl*	junger Knoblauch
ala *w*	Flügel
alajú *m*	Honig-Nuss-Kuchen (mit Oblaten) (Castilla-La Mancha)
albahaca *w*	Basilikum
albaricoque *m*	Aprikose
albóndigas *w pl*	Klößchen, meist aus Hackfleisch
albóndigas a la catalana *w pl*	Hackfleischklößchen mit Knoblauch und Pinienkernen
albóndigas al Guipúzcoa *w pl*	Hackfleischklößchen mit Porree und Möhren in Tomaten-Wein-Sauce

albóndigas a la manchega *w pl*	Fleischklößchen mit Tomaten-Wein-Sauce
albóndigas de mariscos *w pl*	Klößchen aus Meeresfrüchten
alboronía *w*	Gericht aus Auberginen, Tomaten, Zucchini, Paprika, Zwiebeln und Kürbis (Andalusien)
alcachofas *w pl*	Artischocken
alcachofas a la andaluza *w pl*	Artischocken mit Schinken und Tomaten
alcachofas a la cordobesa *w pl*	Artischocken mit Kartoffeln, Knoblauch und Safran
alcachofas a la montillana *w pl*	Artischockenherzen mit Minze und Schinken (Andalusien)
alcachofas rellenas *w pl*	gefüllte Artischocken
alcachofas a la vinagreta *w pl*	Artischocken mit Vinaigrette
alcaparras *w pl*	Kapern
alcauciles *m pl*	andalusische Bez. für Artischocken; wilde Artischocken
alcuzcuz *m*	Couscous mit Kichererbsen, Gemüse und Hammelfleisch
aletas de tiburón *w pl*	Haifischflossen
alfajor *m*	Gewürzkuchen (Andalusien)
alforfón *m*	Buchweizen
algas *w pl*	Algen
alimentos *m pl*	Lebensmittel
aliñado	angemacht (Salat)
aliño *m*	Dressing
alioli *m*	Knoblauchmayonnaise
alitas de pollo *w pl*	Hühnerflügel
all cremat *m*	Gericht mit scharf angebratenem Knoblauch (Levante)
all-i-pebre *m*	Sauce aus Öl, Knoblauch und Paprikapulver (Levante)
all-i-pebre de anguila *m*	Aal in Knoblauch-Öl-Paprika-Sauce
almejas *w pl*	Teppichmuscheln, auch oft als Venusmuscheln bezeichnet
almejas al ajillo *w pl*	Teppichmuscheln mit Knoblauch und Öl
almejas a la marinera *w pl*	Teppichmuscheln in Zwiebel-Knoblauch-Wein-Sauce

almendrada *w*	Mandelmilch, Mandelsauce
almendrados *m pl*	Mandelgebäck
almendras *w pl*	Mandeln
almendras amargas *w pl*	Bittermandeln
almendras garrapiñadas *w pl*	gebrannte Mandeln
almendras saladas *w pl*	gesalzene Mandeln
almendras tostadas *w pl*	geröstete Mandeln
almíbar *m*	Sirup
almidón *m*	Stärke
almorzar	frühstücken
almuerzo *m*	zweites kräftiges Frühstück
altramuces *w pl*	Lupinenkerne, sehen aus wie eingelegte Saubohnen, als Tapa; sehr gesund
alubias *w pl*	Bohnenkerne
amargo	bitter
amarguillo *m*	Süßigkeit aus Bittermandeln und Haselnüssen
ambigú *m*	Büfett; Theaterbüfett
anacardo *m*	Kaschu- bzw. Cashewnuss
ancas de rana *w pl*	Froschschenkel
ancas de rana albufereña *w pl*	marinierte Froschschenkel, paniert in Öl gebraten
ancas de rana a la tudelana *w pl*	Froschschenkel mit Schinkenstückchen, Knoblauch und Tomatensauce (Navarra)
anchoas *w pl*	Anchovis, Sardellen (meist konserviert)
anguila *w*	(Fluss-)Aal
anguila a l'all-i-pebre *w*	Aal in Sauce aus Öl, Knoblauch und Paprika (Valencia)
anguila a la catalana *w*	panierter Aal, in Wein gekocht
anguila a la donostiarra *w*	Aal in Weinsauce mit getrockneten Paprikaschoten und Pinienkernen (Baskenland)
anguila en empanada *w*	Aalpastete (Galicien)
anguila con habichuelas *w*	Aal mit weißen Bohnen (Aragón)
angulas *w pl*	Jung- bzw. Glasaale; teuer
angulas de Aguinaga *w pl*	Glasaale aus Aguinaga (Baskenland) von besonderer Qualität

angulas a la cazuela *w pl*	Glasaale mit Knoblauch und scharfen Pfefferschoten *(guindillas)* in der Tonschale
anís *m*	Anis; Anisschnaps
anís estrellado *m*	Sternanis
aperitivo *m*	Aperitif (nicht nur das Getränk, sondern auch das Knabberzeug, das man dazu isst)
apio *m*	Stangensellerie
apionabo *m*	Knollensellerie
arándanos *m pl*	Heidelbeeren, Blaubeeren
arándanos rojos *m pl*	Preiselbeeren
arenque *m*	Hering
arnadí *m*	Süßigkeit aus Kürbis, Walnüssen und Rosinen
aromático	aromatisch
arròs amb fesols i naps *w*	Reis mit Bohnen und weißen Rüben (Levante)
arrosejat de fideos *m*	gebräunte Nudeln in Brühe fertig gegart (Levante)
arroz *m*	Reis
arroz a banda *m*	Reis mit Fisch und Meeresfrüchten (Levante)
arroz blanco *m*	purer weißer Reis
arroz a la cacereña *m*	Reispfanne mit Kaninchen (Extremadura)
arroz al caldero *m*	Reispfanne mit Fischen der Region (Murcia)
arroz a la catalana *m*	Reis mit Huhn, Tintenfischen, Venusmuscheln und Erbsen
arroz con costra *m*	Reis mit Huhn, Kaninchen, Schweinefleisch, Wurst, Tomaten, Kichererbsen, mit geschlagenen Eiern übergossen und im Ofen überbacken (Levante)
arroz a la cubana *m*	Reis mit Tomaten und Spiegelei
arroz empedrado *m*	Reis mit weißen Bohnen, Stockfisch und Tomaten (Levante)
arroz al horno *m*	Reis aus dem Ofen, oft aus Resten eines Eintopfs zubereitet (Levante)
arroz integral *m*	Vollreis, ungeschälter Reis

arroz con leche *m*	Milchreis
arroz con leche a la asturiana *m*	Milchreis mit Eiern überbacken
arroz a la mallorquína *m*	Reis mit Fisch, Muscheln und Paprikawurst *(sobrasada)*
arroz a la marinera *m*	Reis mit verschiedenen Fischen und Meeresfrüchten in Tomaten-Zwiebel-Knoblauch-Sauce
arroz con miel *m*	mit Honig gekochter Reis (La Mancha)
arroz negro *m*	Reisgericht, das durch Tintenfischsud eine schwarze Färbung erhält (Levante)
arroz a la pamplonesa *m*	Reis mit Stockfisch und Gemüse
arroz pilaf *m*	Reis, mit geschmorten Zwiebeln in Brühe gekocht
arroz regencia *m*	Reis mit Schinken, Hühnerleber, Safran und Pilzsauce
arroz a la sevillana *m*	Reis mit Tintenfischen, Teppichmuscheln, Seeteufel, Schinken, Paprikawurst und Erbsen
arroz a la vasca *m*	Reis mit Hühnerfleisch und -leber, Schweinefleisch, Paprikawurst, Erbsen und harten Eiern
arroz de vigilia *m*	Reis mit Miesmuscheln, in Wein gekocht, mit Mayonnaise serviert
asadillo *m*	gebratene rote Paprikaschoten mit Knoblauch und Tomaten
asado *m*	gebraten; Braten
asado de carne regental *m*	Braten in Weinsauce (Kanarische Inseln)
asado de cerdo *m*	Schweinebraten
asado de cordero *m*	Lammbraten
asado en horno de leña *m*	im Holzofen gebraten
asado de ternera *m*	Kalbsbraten
asador *m*	Bratspieß; Bratrost; Grillrestaurant
atún *m*	Thunfisch
atún encebollado *m*	Thunfisch mit Zwiebeln
atún fresco a la plancha *m*	frischer gegrillter Thunfisch

atún a la guipuzcoana *m*	Thunfisch in Wein-Zwiebel-Sauce
atún con habas *m*	Thunfisch mit weißen Bohnen (Asturien)
autoservicio *m*	Selbstbedienung
avellana *w*	Haselnuss
avena *w*	Hafer
ave *w*	Geflügel
aves silvestres *w pl*	Wildgeflügel
azafrán *m*	Safran
azahar *m*	Orangenblüte
azaharillos *m pl*	Feigensorte (Kanarische Inseln)
azúcar *m*	Zucker
azucarado	gezuckert
azúcar glas *m*	Puderzucker
azúcar moreno *m*	brauner Zucker
azúcar en terrones *m*	Würfelzucker
azúcar de vainilla *m*	Vanillezucker
bacaladilla *w*	Blauer Wittling (Fisch)
bacalao *m*	Klipp- bzw. Stockfisch
bacalao al ajoarriero *m*	Stockfisch mit Zwiebeln, Knoblauch, getrockneten Paprikaschoten und Petersilie
bacalao a la almendra *m*	Stockfisch in Mandelsauce, im Ofen überbacken
bacalao a la bilbaína *m*	Stockfisch mit Zwiebeln, Schinken und scharfen Pfefferschoten
bacalao a la catalana *m*	Stockfisch in Tomatensauce mit Mandeln und Pinienkernen
bacalao encebollada *m*	Stockfisch, mit viel Zwiebeln gegart
bacalao en esqueixada *m*	Stockfisch als Salat mit Tomate, Zwiebel, Oliven, Paprikaschote und hart gekochtem Ei
bacalao fresco *m*	Kabeljau
bacalao a la leridana *m*	Stockfisch mit Tomaten, Zwiebeln, grünen Paprikaschoten und Kichererbsen
bacalao al pil-pil *m*	in Öl und Knoblauch gegarter Stockfisch, wobei der Topf ständig gerüttelt wird (Baskenland)

bacalao a la vasca *m*	Stockfisch mit Venusmuscheln in Zwiebel-Knoblauch-Sauce
bacalao a la vizcaína *m*	Stockfisch in pikanter Sauce aus Zwiebeln, Knoblauch und getrockneten Paprikaschoten
bacalao zurrucutuna *m*	Stockfischragout mit Brotsauce, im Ofen überbacken (Baskenland)
bacón, bacon *a.* beicon *m*	Frühstücksspeck
baifito *m*	Zicklein (Kanarische Inseln)
bajo en calorías	kalorienarm
banana *w*	Banane
banderillas *w*	Cocktailspießchen
baño María *m*	Wasserbad
barbacoa *w*	Holzkohlengrill, Grillfest
barquillo *m*	Waffel
barquitas *w*	längliche Schiffchen aus Pastetenteig
barra *w*	Tresen, Theke
barra de pan *w*	Stange Brot
barra libre *w*	Getränke frei
barrica de roble *w*	Eichenfass
barril *m*	Fass
barrilete *m*	Krebsart mit großen Scheren, *bocas de la Isla* genannt
barritas del Pilar *w pl*	Mandelstäbchen mit Anis
bartolillos *m pl*	in schwimmendem Öl ausgebackene Pastetchen mit süßer oder salziger Füllung
batido *m*	Milchshake
bavarois(e) *m/w*	Cremespeise auf Gelatinebasis
baya *w*	Beere
bebida *w*	Getränk
bebidas incluidas *w pl*	Getränke im Preis inbegriffen
becada *w*	(Wald-)Schnepfe
becada a la barcelonesa *w*	mit Leber und Trüffeln gefüllte Schnepfe, in Speckscheiben gehüllt und mit Cognac flambiert
bechamel *w*	Bechamelsauce
bellota *w*	Eichel
berberechos *m pl*	Herzmuscheln
berenjena *w*	Aubergine

berenjenas de Almagro *w pl*	Auberginen aus La Mancha zum Einlegen
berenjenas a la mallorquína *w pl*	mit Hackfleisch gefüllte, überbackene Auberginen
berro *m*	Kresse
berza *w*	Kohl aus dem Norden Spaniens, ähnlich dem Grün- oder Federkohl; auch andalusisches Eintopfgericht
besugo *m*	Meerbrasse, Graubarsch
besugo a la castellana *m*	Meerbrasse mit Kartoffeln, Tomaten und Wein im Ofen gegart
besugo a la donostiarra *m*	gegrillte Meerbrasse mit Knoblauch und Zitrone (Baskenland)
besugo al horno *m*	Meerbrasse in Zwiebel-Knoblauch-Wein-Sauce im Ofen gegart
besugo a la madrileña *m*	gebratene Meerbrasse mit Wein und Zitrone
besugo a la sal *m*	in dicker Salzkruste gegarte Meerbrasse
bien hecho	durchgebraten
bienmesabe *m*	Mandeldessert, typisch für Süd-spanien und die Kanarischen Inseln; bedeutet: schmeckt mir gut
biftec, *a.* bistec *m*	Beefsteak, Steak
bistec a caballo *m*	Beefsteak mit Spiegelei
bistec con guarnición *m*	Beefsteak mit Beilagen
bistec con patatas *m*	Beefsteak mit Pommes frites
bistec a la pimienta *m*	Pfeffersteak
bistec a la rusa *m*	Frikadelle
bistec tártaro *m*	Beefsteak Tatar (rohes Rinder-hack mit Zwiebeln und Gewürzen)
bistec de ternera a la parrilla *m*	gegrilltes Kalbssteak
bígaro *m*	Strandschnecke
bikini, *a.* biquini *m*	Schinken-Käse-Toast
bitxo *m (katal.)*	kleine scharfe Pfefferschote, eigentlich ein kleines Insekt

bizcocho *m*	Biskuit, Zwieback
bizcochos borrachos *m pl*	in Wein oder Likör getränktes Biskuitgebäck
bizcocho castellano *m*	Mandeltorte
bizcochos koskeros *m pl*	Mandelgebäck (Baskenland)
bizcochos lustrados *m pl*	Gebäck mit Honig und Kokosflocken (Kanarische Inseln)
bizcochos rellenos de Vergara *m pl*	mit Eiercreme gefülltes Biskuitgebäck (Baskenland)
blanco y negro *m*	eine Art Eiskaffee
blanqueta *w*	Frikassee
bledas *(reg.) w pl*	Mangold
bocadillo *m*	belegtes längliches Brötchen
bocadillo catalán *m*	Brötchen, mit frischer Tomatenhälfte bestrichen und Serranoschinken sowie Manchegokäse belegt
bocadillo de jamón *m*	mit Schinken belegtes Brötchen
bocadillo de lomo *m*	mit Schweinerücken belegtes Brötchen
bocadillo de queso *m*	mit Käse belegtes Brötchen
bocadillo de salchichón *m*	mit Hartwurst belegtes Brötchen
bocadillo de tortilla *m*	mit Omelett belegtes Brötchen
bocaditos de monja *m pl*	Mandelkonfekt (Andalusien)
bocaditos de patata *m pl*	Kartoffelbällchen
bocado *m*	Bissen, Happen
bocata *w*	umgangssprachlich für *bocadillo*
bodega *w*	Weinkeller, Weinhandlung, manchmal mit Imbissmöglichkeit
bogavante *m*	Hummer
bolas de patatas *w pl*	Kartoffelbällchen
boleto *m*	Steinpilz
bollería *w*	Feinbäckerei
bollo *m*	Milchbrötchen
bollo de alma *m*	typisches Gebäck der Kanarischen Inseln
bollo de chicharrones *m*	Gebäckstück mit Speckgrieben
bollo de leche *m*	Milchbrötchen
bollo maimón *m*	Art Biskuitgebäck (Salamanca)
bollos de panizo *m pl*	in Öl ausgebackene Maismehlklöße (Andalusien), zum *ajo colorado*

bombón *m*	Praline, Bonbon
boniato *m*	Süßkartoffel
bonito *m*	weißer Thunfisch, Bonito aus dem Norden Spaniens
bonito en escabeche *m*	marinierter Thunfisch
bonito a la guipuzcoana *m*	Thunfisch mit Tomaten, Zwiebeln und roten Paprikaschoten (Baskenland)
bonito a la oriotarra *m*	gespickter Thunfisch in Weißwein auf Gemüse (Baskenland)
bonito en salsa de vino tinto *m*	Thunfisch in Rotweinsauce
bonito a la sidra *m*	Thunfisch mit Apfelwein
boquerones *m pl*	Sardellen
boquerones fritos *m pl*	frittierte Sardellen
boquerones en vinagre *m pl*	in Essig, Öl, Knoblauch und Petersilie eingelegte Sardellen
borona *w*	eine Art Maisbrot (Asturien, Galicien)
borrachos *m pl*	mit Rum oder Likör getränktes Gebäck
borraja *w*	Borretsch
borreta	Gericht aus Stockfisch, Tintenfisch, Kartoffeln, Spinat und verlorenen Eiern (Alicante)
botella *w*	Flasche
botijo *m*	bauchiges Trinkgefäß aus Ton
botillo *m*	Wurstspezialität aus dem Bierzo; kleine lederne Weinflasche
brandada de bacalao *w*	Stockfischpüree
a la brasa	vom Rost
brazo de gitano *m*	Biskuitrolle
brécol *m*	Brokkoli
breva *w*	frühe Feige
brindar	anstoßen
brindis *m*	Trinkspruch, Toast
brocheta *w*	Spieß
broeta de San Fermín *w*	dicke Gemüsesuppe mit Paprikawurst und Schinken (Navarra)
brotes de soja *m pl*	Sojasprossen
budín *m*	Pudding
bueno	gut

buey *m*	Ochse
buey de mar *m*	Taschenkrebs
bufé, buffet *m*	Büfett
buffet de desayuno *m*	Frühstücksbüfett
buñuelos *m pl*	in Öl ausgebackene Krapfen, süß oder salzig
buñuelos de viento *m pl*	Windbeutel
burrida de ratjada *w*	gekochter Rochen mit Mandeln (Ibiza)
butifarra *w*	Bratwurst (Katalonien)
butifarra de arroz *w*	Bratwurst mit Reis
butifarra blanca *w*	weiße Bratwurst
butifarra de huevo *w*	mit Ei hergestellte Bratwurst
butifarra negra *w*	Bratwurst mit Blut
caballa *w*	Makrele
caballa en escabeche *w*	marinierte Makrele
cabello de ángel *m*	feste Kürbismarmelade
cabeza de ternera *w*	Kalbskopf
cabracho *m*	Roter Drachenkopf (Fisch)
cabrito *m*	Zicklein
cabrito asado *m*	Zickleinbraten
cabrito en espetón *m*	Zicklein am Spieß (Aragón)
cacablos *m pl*	Tischweine aus El Bierzo (Provinz León)
cacahuetes *m pl*	Erdnüsse
cacao *m*	Kakao
cachelada gallega *w*	Krake mit Kartoffeln und Paprikaschoten
cachelos *m pl*	gekochte Kartoffeln (typisch in Galicien)
café americano *m*	doppelter Kaffee
café bombón *m*	kleines Glas, halb süße Kondensmilch, halb Kaffee
café cortado *m*	kleiner Kaffee mit etwas Milch
café descafeinado *m*	koffeinfreier Kaffee
café instantáneo *m*	Pulverkaffee, Instantkaffee
café irlandés *m*	Irish Coffee
café con leche *m*	Milchkaffee (mit viel Milch)
café con leche »corto de café«	mit weniger Kaffee als gewöhnlich zubereitet
café solo *m*	kleiner schwarzer Kaffee
calabacines *m pl*	Zucchini

calabaza *w*	Kürbis
calamar *m*	Kalmar (Tintenfisch)
calamares »mar i tierra« *m pl*	Tintenfische mit Fleischfüllung (Katalonien)
calamares a la romana *m pl*	Tintenfischringe, im Ausbackteig frittiert
calamares en su tinta *m pl*	Tintenfische in ihrer Tinte
calçotada *w*	traditionelles katal. Essen von speziellen Frühlingszwiebeln, *calçots*, die man mit der *salsa romanesco* isst
caldeirada gallega *w*	Fisch und Meeresfrüchte mit Kartoffeln in Meerwasser gekocht (Galicien)
caldera de pescado *w*	Fischtopf (Balearen)
caldereta *w*	Fischeintopf; in manchen Gegenden auch mit Fleisch zubereitet
caldereta extremeña *w*	Zicklein oder Lamm in Leber-Knoblauch-Sauce (Extremadura)
caldereta de langosta *w*	Fischtopf mit Languste (typisch für Menorca)
caldero al estilo del Mar Menor *m*	Fischtopf aus Murcia
caldo *m*	Brühe; wird auch für einen guten Wein gebraucht
caldo de ave *m*	Geflügelbrühe
caldo de carne *m*	Fleischbrühe
caldo gallego *m*	galicischer Suppentopf mit Kartoffeln, Bohnen, Steckrübenblättern, Fleisch und Wurst
caldo de gallina *m*	Hühnerbrühe
caldo de guanche *m*	Gemüsecremesuppe (Kanarische Inseln)
caldo de jaramago *m*	Schöterichsuppe (Kanarische Inseln)
caldo de perdiz *m*	Rebhuhnsuppe (Kastilien)
caldo de perro gaditano *m*	Fischsuppe mit Orangensaft (Cádiz)
caldo de pescado *m*	Fischbrühe, Fischsuppe
caldo riojano *m*	Eintopf aus weißen Bohnen und Rotwein

caldo de verduras *m*	Gemüsesuppe
caliente	heiß
callos *m pl*	Kutteln, Kaldaunen; Kutteln sind in allen Regionen beliebt, vor allem aber in Madrid
callos a la andaluza *m pl*	Kutteln mit Tomaten, Zwiebel, Kichererbsen und Schinken
callos a la catalana *m pl*	Kutteln in Tomaten-Zwiebel-Wein-Sauce
callos a la gallega *m pl*	Kutteln mit Kichererbsen, Schweinsfüßen und Paprikawurst
callos a la madrileña *m pl*	Kutteln mit Kalbsfüßchen, Paprikawurst und evtl. Schinken in würziger Sauce
callos a la montañesa *m pl*	Kutteln mit roten Paprikaschoten in Weinsauce
callos a la vizcaína *m pl*	Kutteln mit Kalbsfüßchen in scharfer Sauce
camarones *m pl*	Garnelen mittlerer Größe, Felsen- oder Ostseegarnele genannt
caña *w*	kleines Glas Bier, gezapft; in Andalusien: schmales hohes Weinglas
caña de azúcar *w*	Zuckerrohr
cañadillas, *katal.* cañaíllas *w pl*	Stachelschnecken
canapés *m pl*	kleine belegte Schnittchen
canela *w*	Zimt
canela en rama *w*	Zimtstange
canelones *m pl*	Cannelloni; gefüllte Nudelrollen, mit Bechamelsauce überbacken
canelones a la barcelonesa *m pl*	Cannelloni mit Leber-Schinken-Füllung
cangrejo *m*	Krebs
cangrejos de mar *m pl*	Meereskrebse
cangrejos de río *m pl*	Flusskrebse
cangrejos de río a la pamplonesa *m pl*	Flusskrebse in Weinsauce
cantarelas *w pl*	Pfifferlinge
canónigo *m*	Feldsalat

canutillos *m pl*	Blätterteigröllchen, süß oder salzig gefüllt
canutillos de Bilbao *m pl*	mit Creme gefüllte Blätterteig-röllchen (Baskenland)
caparrones *m pl*	rote Bohnen (La Rioja)
capón *m*	Kapaun
capón de ostras *m*	mit Austern gefüllter Kapaun (Galicien)
capón relleno a la andaluza *m*	mit Schweinefleisch, Speck, Brot, Rosinen und Pinienkernen gefüllter Kapaun
capón relleno a la catalana *m*	mit Schweinefleisch, Wurst, Backpflaumen, Äpfeln, Rosinen und Pinienkernen gefüllter Kapaun
capón relleno a la vasca *m*	mit Speck, Würstchen, Pilzen und Walnüssen oder auch Schweinefleisch und Haselnüssen gefüllter Kapaun
capón de Villalba *m*	mit Weizen, Wein (oder Trester-schnaps) und Kastanien gemästeter Kapaun aus Galicien (beliebt als Weihnachtsessen)
capuchina *w*	Kapuzinerkresse
capuchinas *w pl*	im Wasserbad gestockte Creme mit Sirup übergossen (Baskenland)
caqui *m*	Kaki
carabinero *m*	rote Riesengarnele
caracola *w*	Schnecke (Gebäck)
caracoles *m pl*	Schnecken
caracoles a la andaluza *m pl*	Schnecken in einer Sauce aus Tomaten, Zwiebeln, Knob-lauch und gerösteten Mandeln
caracoles a la castellana *m pl*	Schnecken in pikanter Tomaten-Zwiebel-Knoblauch-Sauce
caracoles a la catalana *m pl*	Schnecken mit Öl, Knoblauch und Petersilie
caracoles a la extremeña *m pl*	gekochte Schnecken mit Zwiebeln in Kräutersauce (Extremadura)

caracoles a la llauna *m pl*	in einem flachen Blech mit Knoblauch und Wein im Ofen geschmorte Schnecken (Katalonien)
caracoles a la madrileña *m pl*	Schnecken mit Schinken, Tomaten und Knoblauch in Weinsauce
caracoles a la marinera *m pl*	Schnecken in scharfer Tomaten-Knoblauch-Wein-Sauce
caracoles a la riojana *m pl*	Schnecken mit Schinken und roten Paprikaschoten
caracoles con sobrasada *m pl*	Schnecken mit Paprikawurst (Balearen)
carajillo *m*	Kaffee mit Schnaps
caramelo *m*	Bonbon; Karamell
carbonada *w*	Karbonade, geschmorte Fleischscheibe
carbónico	kohlensäurehaltig
cardo *m*	Kardenartischocke, stangenförmiges Gemüse, in Sauce oder Eintopf gekocht
cardos a la navarra *m pl*	Kardenartischocken in weißer Sauce mit Schinken
cardos a la vasca *m pl*	Kardenartischocken in Specksauce
carlota *w*	Charlotte, Dessert mit Löffelbiskuits
carmelitas *w pl*	feines Mandelgebäck
carne *w*	Fleisch
carne asada *w*	gebratenes Fleisch
carne a la brasa *w*	Fleisch vom Rost
carne guisada *w*	Schmorfleisch
carne a la llosa *w*	auf heißer Schieferplatte gebratenes Fleisch (Katalonien)
carne de membrillo *w*	Quittenbrot, festes Gelee von der Quitte, bevorzugt mit Käse gegessen
carne a la parrilla *w*	gegrilltes Fleisch
carne picada *w*	Hackfleisch
carne a la plancha *w*	auf heißer Metallplatte gebratene Fleischgerichte
carne de ternera *w*	Kalbfleisch
carne de vaca, vacuno *w*	Rindfleisch

carnero *m*	Hammel
carpa *w*	Karpfen
carpaccio *m*	dünne Scheiben von rohem Fleisch oder Fisch, auch Gemüse
carrillos de cerdo *m pl*	Schweinebacken
carta *w*	Speisekarte
carta de vinos *w*	Weinkarte
de la casa	nach Art des Hauses
casadielles *w pl*	Teigtäschchen, gefüllt mit Walnuss und Anis (Asturien)
cáscara *w*	Schale (von Nüssen, Eiern, Orangen etc.)
casero	hausgemacht
casis *w*	Schwarze Johannisbeere
castañas *w pl*	Kastanien
caviar *m*	Kaviar
caza *w*	Wild, Wildbret
caza mayor *w*	Hochwild
caza menor *w*	Niederwild
caza de pelo *w*	Haarwild
caza de pluma *w*	Federwild
cazón *m*	Hundshai
cazuela *w*	Schmortopf aus Ton
a la cazuela, en cazuela	im Tontopf zubereitet und serviert
cazuela de arroz marinera *w*	Reistopf mit Fisch und Meeresfrüchten
cazuela a la catalana *w*	Schmorgericht mit Fleisch, Wurst, Tomaten und Zwiebeln
cazuela de fideos *w*	Fadennudeln mit Muscheln, Stockfisch und Kartoffeln (Andalusien)
cazuela a la granadina *w*	grüne Bohnen mit Tomaten, Artischocken und Spiegelei (Andalusien)
cazuela de mariscos *w*	Meeresfrüchte in der Tonschale zubereitet
cazuela de merluza *w*	Seehecht mit Muscheln und Erbsen in der Tonschale zubereitet (Asturien)
cazuelita *w*	kleine Tonschale für Einzelportion
cebada *w*	Gerste

cebiche, *a.* ceviche *m*	roher Fisch in Zitrussaft gegart
cebolla *w*	Zwiebel
cebollas tiernas *w pl*	Frühlingszwiebeln
cebolletas *w*	junge Zwiebeln ohne ausgeprägte Knolle
cebollino *m*	Schnittlauch
cecina *w*	luftgetrocknetes Fleisch
cena *w*	Abendessen
centeno *m*	Roggen
centollo *m*	Seespinne (ein Krustentier); bask. *txangurro*
centollo a la donostiarra *m*	Seespinne, gefüllt mit dem gehackten Fleisch des Tiers, Seehecht, Zwiebeln, Knoblauch, Sherry, Cognac, im Ofen leicht überbacken
centollo relleno *m*	gefüllte Meerspinne
cerceta *w*	Krickente
cerdo *m*	Schwein
cerdo en adobo *m*	gebeiztes Schweinefleisch (Kanarische Inseln)
cereales *m pl*	Getreide, Getreideflocken zum Frühstück
cereza *w*	Kirsche
cerrado el lunes	montags geschlossen
cerrado por vacaciones	wegen Urlaub geschlossen
cerveza *w*	Bier
chacina *w*	gepökeltes Schweinefleisch
chacolí, *bask.* txacolí *m*	säuerliche, leichte, vornehmlich Weißweine, die jung getrunken werden
chalota, chalote *w*	Schalotte
champán *m*	umgangssprachlich auch für Schaumwein, *cava*
champiñones *m pl*	Champignons
champiñones al ajillo *m pl*	mit Knoblauch in Öl gebratene Champignons
champiñones al jerez *m pl*	Champignons in Sherrysauce
champiñones rellenos *m pl*	gefüllte Champignons
champiñones a la segoviana *m pl*	Champignons in Knoblauchsauce

chanfaina *w*	Ragout aus Lamm- oder Kalbsinnereien (Leber, Lunge, Herz etc.)
chanquetes *m pl*	Glas- oder Weißgrundel (kleine Fischchen, frittiert) (Andalusien)
chato *m*	Gläschen Wein; niedriges Weinglas
chef *m*	Küchenchef
el chef recomienda	der Küchenchef empfiehlt
cherna *w*	Wrackbarsch
chicharro *m*	regional für Stöcker
chicharrones *m pl*	Speckgrieben
chicle *m*	Kaugummi
a la chilindrón	in Sauce aus Tomaten, Zwiebeln und Paprikaschoten (Rioja und Aragón)
chipirones *m pl*	kleine Kalmare (Tintenfische)
chipirones encebollados *m pl*	kleine Tintenfische mit Zwiebeln
chipirones salteados *m pl*	mit Knoblauch und Petersilie in Öl gebratene Tintenfische
chipirones a la santanderina *m pl*	gefüllte Tintenfische mit Tomatensauce
chipirones en su tinta *m pl*	kleine Kalmare in ihrer Tinte (Baskenland)
chirimoya *w*	Chirimoya, Zucker- oder Rahmapfel
chirivía *w*	Pastinake
chirla *w*	die eigentliche Venusmuschel
chistorra *w*	typische Hartwurst aus Navarra
chocha *w*	Schnepfe
chocos *m pl*	kleine Tintenfische, typisch für Huelva (Andalusien)
chocolate *m*	Schokolade
chocolate amargo *m*	bittere Schokolade
chocolate blanco *m*	weiße Schokolade
chocolate con churros *m*	dickflüssige Trinkschokolade mit in Öl ausgebackenen Spritzkuchen (beliebtes Frühstück)
chocolate a la taza *m*	typisch spanische, dickflüssige Trinkschokolade

chocolatina w	Schokoladenpraline, Schokoladentäfelchen
chopa w	Streifenbrasse
chopitos m pl	winzige junge Tintenfische (Sepia), vor allem in Andalusien beliebt
chopitos fritos m pl	gebackene kleine Tintenfische
chopitos a la plancha m pl	gegrillte kleine Tintenfische
chorizo m	Paprikawurst, roh oder gebraten
chorizo con cachelos m	Paprikawurst mit Kartoffeln (León)
choto m	Zicklein; regional: Kalb
chucho m	mit Creme gefülltes Ölgebäck (Katalonien)
chucrut m	Sauerkraut
chufa w	Erdmandel
chuleta w	Kotelett
chuleta de cerdo w	Schweinekotelett
chuleta de cordero w	Lammkotelett
chuletas de cordero a la parrilla w pl	gegrillte Lammkoteletts
chuletas de cordero al sarmiento w pl	über Rebholz gebratene Lammkoteletts (La Rioja)
chuleta de ternera w	Kalbskotelett
chuletitas w pl	kleine Koteletts
chuletón m	großes Kalbs- oder Rinderkotelett
chuletón de buey m	großes Rinderkotelett
chupito m	Schnäpschen
churrasco m	Lendenschnitte vom Rost oder Grill (Spezialität aus Córdoba)
churros m pl	in Öl ausgebackenes Spritzgebäck, mit Zucker bestreut
chupa-chups m pl	Lutscher
cidra confitada w	Zitronat
ciervo m	Hirsch
cigala w	Kaisergranat
cigalas a la plancha w pl	auf heißer Metallplatte gebratener Kaisergranat bzw. Scampi
cilantro m	Koriander
cinta w	Roter Bandfisch
cintas w pl	eine Art Bandnudeln
ciruela w	Pflaume
ciruela amarilla w	Mirabelle

ciruela Claudia *w*	Reineclaude
ciruela pasa *w*	Backpflaume
ciruela en tocino *w*	mit Speck umwickelte Pflaume
cítricos *m pl*	Zitrusfrüchte
civet (de caza) *m*	Wildragout
civet de ciervo *m*	Hirschragout
civet de jabalí *m*	Wildschweinragout
civet de liebre *m*	Hasenpfeffer
clara *w*	Bier mit Limonade
clara de huevo *w*	Eiweiß, Eiklar
clarete *m*	Klarettwein aus weißen und blauen Trauben
clavillo, clavo (de especia, de olor) *m*	Gewürznelke
clementina *w*	Clementine
coca *w*	fladenartiger Kuchen, eine Art Pizza, mit Fleisch, Fisch oder Gemüse belegt
coca de chicharrones *w*	flacher Kuchen mit Speckgrieben
coca dulce *w*	flacher süßer Kuchen
coca de San Juan *w*	großer flacher Zuckerkuchen mit kandierten Früchten, Pinienkernen etc., in Katalonien traditionell zur Johannisnacht (23./24. Juni)
cocadas *w pl*	Art Kokosmakronen (Galicien)
cochifrito *m*	Gericht aus Lamm- oder Zickleinfleisch, in der Tonform serviert
cochinillo *m*	Spanferkel
cochinillo asado *m*	gebratenes Spanferkel
cocido *m*	gekocht; typisch spanisches Eintopfgericht auf der Basis von Hülsenfrüchten (meist Kichererbsen)
cocido andaluz *m*	Eintopf aus Kichererbsen, grünen Bohnen, Fleisch, Kartoffeln, Tomaten
cocido castellano *m*	Eintopf aus Kichererbsen, Gemüse, Fleisch, Wurst, Kartoffeln
cocido extremeño *m*	Kichererbsen, Gemüse, Rindfleisch, Blut- und Paprikawurst (Extremadura)

cocido gaditano *m*	Kichererbsen, grüne Bohnen, Kürbis, Kartoffeln, Fleisch, Kuheuter (Andalusien)
cocido gallego *m*	Kichererbsen, Fleisch, Schinken, Kohl, Steckrübenblätter (Galicien)
cocido guipuzcoano *m*	weiße Bohnen, Kartoffeln, Gemüse (Baskenland)
cocido madrileño *m*	Kichererbsen, Fleisch, Wurst, Schinken, Huhn, Kohl, Rüben, Speck, in drei Gängen serviert
cocido maragato *m*	Kichererbsen mit neun verschiedenen Fleisch- und Wurstsorten, die Brühe wird als zweiter Gang serviert (León)
cocido montañés *m*	weiße Bohnen, Kohl, Kartoffeln, Speck (Santander)
cocido de pelotas *m*	Kichererbsen, Huhn oder Puter, Schweinefleisch, Kartoffeln und Fleischbällchen (Levante)
cocido vasco *m*	Kichererbsen mit Spinat und harten Eiern
cocina *w*	Küche; Kochherd
cocina casera *w*	(gut)bürgerliche Küche
cocina marinera *w*	auf Fisch und Meeresfrüchte spezialisierte Küche
cocina de mercado *w*	marktorientierte Küche
cocina regional *w*	regionale Küche
cocina vegetariana *w*	vegetarische Küche
coco *m*	Kokosnuss
coco rallado *m*	Kokosraspel
cóctel *m*	Cocktail
cóctel de frutas *m*	Früchtecocktail
cóctel de gambas *m*	Krabbencocktail
codillo *m*	Haxe
codillo de cerdo asado *m*	Schweinshaxe
codillo de ternera *m*	Kalbshaxe
codornices *w pl*	Wachteln
codornices albardadas *w pl*	mit einer Schinkenscheibe umwickelte, geschmorte Wachteln (Extremadura)

codornices a la bilbaína *w pl*	in Weinblätter gewickelte und mit einer Speckscheibe belegte geschmorte Wachteln (Baskenland)
codornices a la cazadora *w pl*	Wachteln mit Pilzen in Weinsauce
codornices en escabeche *w pl*	marinierte Wachteln
codornices al estilo de la Rioja *w pl*	mit Wachteln gefüllte Paprikaschoten in Weinsauce
codornices a la gallega *w pl*	Wachteln mit Bohnen und Tomaten
codornices al nido *w pl*	Wachteln im Kartoffelnest
codornices con uvas *w pl*	Wachteln mit Weintrauben
cogollo *m*	Herz (von Salat etc.)
cogollos de alcachofas *m pl*	Artischockenherzen
cogollos de lechugas *m pl*	Salatherzen
cogollos de Tudela *m pl*	zarte Salatherzen aus Tudela (Navarra)
col *w*	Kohl
col de China *w*	Chinakohl
col lombarda *w*	Rotkohl
col rellena *w*	Kohlroulade
col rizada *w*	Wirsing
col verde *w*	Grünkohl
cola *w*	Schwanz
colas de gamba *w pl*	Garnelenschwänze
colas de langosta *w pl*	Langustenschwänze
cola de rape *w*	Schwanzstück vom Seeteufel
cola de toro *w*	gebratener Stierschwanz (Andalusien)
coles de Bruselas *w pl*	Rosenkohl
coliflor *w*	Blumenkohl
coliflor al ajiaceite *w*	Blumenkohl mit Knoblauchsauce (Murcia)
colmenillas *w pl*	Morcheln
colorante *m*	Farbstoff, um Reisgerichten wie Paella gelbe Farbe zu verleihen
colza *w*	Raps
comestible	essbar
no comestible	ungenießbar
comida *w*	Essen; Mittagessen
comida casera *w*	gutbürgerliches Essen

Spanisch – Deutsch

comida para llevar *w*	Gericht zum Mitnehmen
comida rápida *w*	Schnellgericht
comino *m*	(Kreuz-)Kümmel
compota *w*	Kompott
compota de manzana *w*	Apfelkompott
concentrado de tomate *m*	Tomatenmark
concha *w*	Muschel(-schale)
concha de peregrino *w*	Pilgermuschel (*s. vieira*)
condimento *m*	Würze, Gewürz
conejo *m*	Kaninchen
conejo al ajillo *m*	mit Öl und Knoblauch gebratenes oder gegrilltes Kaninchen
conejo almogávar *m*	Kaninchenstücke in einer Sauce aus Zwiebeln, Knoblauch, Schokolade, Leber und Wein
conejo a la ampurdanesa *m*	Kaninchen in Schokoladensauce (Katalonien)
conejo al azafrán *m*	Kaninchen in Wein-Safran-Sauce
conejo a la bilbaína *m*	gebratene Kaninchenstücke mit Champignons, Haselnüssen, Schokolade, Rotwein
conejo a la burguesa *m*	Kaninchenstücke mit Speck, Zwiebeln, Knoblauch in Wein geschmort
conejo a la cacereña *m*	Kaninchen mit Artischocken und Kartoffeln
conejo con caracoles *m*	Kaninchen mit Schnecken
conejo a la chilindrón *m*	Kaninchen in dicker Tomaten-Paprika-Sauce
conejo en escabeche *m*	mariniertes Kaninchen
conejo a la montañesa *m*	Kaninchen mit Zwiebeln, Pilzen und Kräutern in Weinsauce
conejo de monte *m*	Wildkaninchen
conejo con nabos y peras *m*	Kaninchen mit weißen Rüben und Birnen
conejo a la Navarra *m*	Kaninchenragout in Tomaten-Zwiebel-Knoblauch-Wein-Sauce mit Kartoffeln
conejo en pepitoria *m*	Kaninchen in Wein-Zwiebel-Mandel-Sauce
conejo a la valenciana *m*	Kaninchen in Knoblauch-Mandel-Sauce

confit de pato *m*	Entenfleisch, im eigenen Fett gekocht und eingemacht
confitado	eingelegt, eingemacht (im eigenen Saft)
confitura *w*	Konfitüre
congelado	tiefgefroren
congrio *m*	Seeaal, Meeraal
congrio al verde *m*	Seeaal mit Erbsen in grüner Sauce
conill a l'allùdi *m*	Kaninchen mit Knoblauch-mayonnaise (Katalonien)
conserva *w*	Konserve
conservantes *m pl*	Konservierungsmittel
consomé *m*	klare Brühe, Kraftbrühe
consomé de carne *m*	Fleischbrühe
consomé de gallina *m*	Hühnerbrühe
consomé al jerez *m*	Brühe mit Sherry
consomé madrileño *m*	Fleischbrühe mit Gemüse
consomé con yema *m*	Brühe mit Eigelb
consumición *w*	Verzehr, Zeche
contrafilete *m*	Rippenstück vom Rind
copa de helado *w*	Eisbecher
copa de vino *w*	ein Glas Wein
copos de avena *m pl*	Haferflocken
coquinas *w pl*	Sägezähnchen (Muschelart)
coquinas a la andaluza *w pl*	gekochte Muscheln mit Tomaten, Zwiebeln und grünen Paprikaschoten
coquitos *m pl*	Kokosmakronen; Sperlingstäubchen
corazón *m*	Herz
corazones de monja *m pl*	herzförmiges Honig-Mandel-Gebäck (Extremadura)
corcino *m*	Rehkitz
cordero *m*	Lamm, Lammfleisch
cordero al ajillo *m*	Lammragout in Wein-Knoblauch-Sauce
cordero en ajillo a lo pastor *m*	gebratene Lammstücke mit Knoblauch, Kümmel, Safran und Wein
cordero asado *m*	Lammbraten
cordero asado a la madrileña *m*	mit Wein und Knoblauch gebratenes Lamm

cordero en caldereta *m*	Lammragout
cordero al chilindrón *m*	Lammragout in einer Sauce aus Tomaten, roten Paprikaschoten und Wein (Navarra)
cordero guisado *m*	geschmortes Lammfleisch mit Zwiebeln und Knoblauch in Weinsauce
cordero lechal *m*	Milchlamm
cordero lechal al estilo de Béjar *m*	geschmortes Milchlamm mit Kräutern, Walnüssen, Kastanien und Kartoffeln
cordero lechal a la segoviana *m*	Milchlamm mit Knoblauch und Wein im Ofen gebraten
cordero a la miel *m*	geschmortes Lamm in Honig-Essig-Wein-Sauce
cordero a la murciana *m*	Lammragout mit Gemüse in Tomaten-Wein-Sauce
cordero pascual *m*	Osterlamm
cordero a la pastora *m*	gebeiztes, mit Milch geschmortes Lammfleisch mit Kartoffeln, Artischocken und Spargel (Aragón)
cordero al tombet *m*	Lammragout mit Gemüse und Kartoffeln (Levante)
cortadillos *m pl*	mit Zitronat und Kürbiskonfitüre gefüllte kleine Kuchen (Andalusien)
cortaditos de mazapán *m pl*	Marzipanstangen
corteza *w*	Rinde, Schale, Kruste, Schwarte
corteza de cerdo *w*	geröstete Speckschwarte (beliebte Tapa)
corteza de limón *w*	Zitronenschale
corteza de pan *w*	Brotrinde
corto *m*	kleines Glas Bier
corvina *w*	Adlerfisch
corvina a la andaluza *w*	Adlerfisch mit Tomaten, Zwiebeln und Sherry im Ofen gegart
corzo *m*	Reh
corzo asado *m*	Rehbraten
costillar *m*	Karree, Rippenstück
costillar de cerdo a la parrilla *m*	Schweinskarree vom Grill

costillas *w pl*	Rippchen
costra *w*	Kruste
costrada navarra *w*	im Ofen überbackene Suppe mit Brot, Eiern und Paprikawurst
costrones *m pl*	Croûtons
coulis *m*	Püree
coulis de castañas *m*	Kastanienpüree
crema *w*	Creme(speise); Cremesuppe
a la crema *w*	in Rahmsauce
crema catalana *w*	Cremespeise mit Karamellkruste (Katalonien)
crema de champiñones *w*	Champignoncremesuppe
crema de espárragos *w*	Spargelcremesuppe
crema inglesa *w*	englische Creme (Milch, Zucker, Eigelb), zu Biskuit und Blätterteig
crema de leche *w*	Sahne
crema de nueces *w*	süße Walnusscreme (Baskenland)
crema pastelera *w*	gekochte Eiercreme, zum Füllen von Kuchen und Gebäck
crema de puerros *w*	Lauchcremesuppe
crema quemada *w*	flambierte Creme
cremoso	cremig
crêpe, crep *w*	Crêpe, dünner Eierpfannkuchen
criadillas *w pl*	Hoden
criadillas de mar *w pl*	Seetrüffel
criadillas rebozadas *w pl*	Lamm- oder Kalbshoden, paniert und gebraten
criadillas de toro al ajoarriero *w pl*	Stierhoden mit Knoblauchsauce
crocante *m*	Krokant
crois(s)ant, cruasán *m*	Hörnchen, Croissant
croques *m pl*	galicische Bez. für Herzmuscheln *(berberechos)*
croquetas *w pl*	Kroketten
croquetas de bacalao *w pl*	Stockfischkroketten
croquetas de gambas *w pl*	Kroketten mit Garnelenfleisch
croquetas de jamón *w pl*	Schinkenkroketten
croquetas de patata *w pl*	Kartoffelkroketten
croquetas de pollo *w pl*	Geflügelkroketten
crudites *m pl*	Rohkostsalat
crudo	roh

Spanisch – Deutsch

crujiente	knusprig, kross
crustáceos *m pl*	Krustentiere
cuajada *w*	eine Art Dickmilch
cuarto *m*	Viertel
cubata *w*	umgangssprachlich für Cuba libre
cubierto *m*	Gedeck; Besteck
cubiletes *m pl*	Fleischpastetchen
cubitos de caldo *m pl*	Brühwürfel, Suppenwürfel
cubitos de hielo *m pl*	Eiswürfel
cuchara *w*	(Ess-)Löffel
cucharada *w*	Esslöffel voll
cucharilla, cucharadita *w*	Kaffeelöffel, Teelöffel
cucharón *m*	Kochlöffel, Schöpflöffel
cuchillo *m*	Messer
cuello *m*	Hals
curado	luftgetrocknet oder geräuchert
curry *m*	Curry
dátiles *m pl*	Datteln
dátiles de mar *m pl*	Meerdatteln (eine Muschelart)
dátiles con bacon *m pl*	mit gebratenem Speck umwickelte Datteln
degustación *w*	das Probieren, Kosten
degustar	probieren, kosten
delicia *w*	feinstes Stück vom Fisch oder Fleisch
delicias *w pl*	mit Creme, Konfitüre etc. gefüllte Biskuitröllchen
delicioso	köstlich
al dente	mit Biss, nicht ganz weich gekocht (z. B. Nudeln oder Reis)
dentón *m*	Zahnbrasse
dentón a la sal *m*	in dicker Salzkruste gegarte Zahnbrasse
dentón a la vasca *m*	Zahnbrasse in Wein-Mandel-Sauce
desayunar	frühstücken
desayuno *m*	Frühstück
desayuno continental *m*	»kontinentales« Frühstück, d. h. mit Brötchen, Butter, Marmelade etc.
deshuesado	entbeint (Fleisch, Geflügel); entsteint (Obst)

día de descanso *m*	Ruhetag
diente de ajo *m*	Knoblauchzehe
diente de león *m*	Löwenzahn
dieta *w*	Diät
dietético	diätetisch
digestivo	verdauungsfördernd
a discreción *w*	nach Belieben, so viel man will
docena *w*	Dutzend
dorada *w*	Goldbrasse
dorada a la sal *w*	Goldbrasse in Salzkruste gegart
dorado	gebräunt, goldgelb angebraten
a dos salsas	mit zwei verschiedenen Saucen
duelos y quebrantos *m pl*	Gericht aus Eiern, Speck und Hirn (La Mancha)
dulce malagueño *m*	Süßigkeit aus Grieß, Eigelb, Zucker, Rosinen und Quittenbrot
dulce de membrillo *m*	Quittenbrot
dulces *m pl*	Süßigkeiten, Süßspeisen
duro	hart, zäh
edulcorante *m*	Süßstoff
de elaboración propia *w*	hausgemacht, selbst gemacht
a elegir	zum Auswählen, nach Wahl
embutidos *m pl*	Wurstwaren
empanada *w*	gefüllte Teigpastete (galicische Spezialität)
empanada asturiana *w*	mit Hackfleisch und Paprika-wurst gefüllte Pastete
empanada de batallón *w*	mit Paprikawurst, Schinken, Paprikaschoten und Zwiebeln gefüllte Pastete (León)
empanada a la gallega *w*	mit Fleisch oder Fisch und Zwiebeln gefüllte Pastete
empanada de lamprea *w*	mit Neunauge gefüllte Pastete (Galicien)
empanada mallorquína *w*	mit Lammfleisch und Paprika-wurst *(sobrasada)* gefüllte Pastete
empanada de vieiras *w*	mit dem Fleisch der Pilger-muschel gefüllte Pastete
empanadilla *w*	kleine gefüllte Teigpastete
empanadillas valencianas *w pl*	kleine Teigpasteten mit Thunfisch-Tomaten-Füllung

empanado	paniert
emparedado *m*	Sandwich, belegte Doppelschnitte
emparedado de atún *m*	Thunfisch-Sandwich
emparedado de jamón *m*	Schinken-Sandwich
emparedado de queso *m*	Käse-Sandwich
emparedado vegetal *m*	Gemüse-Salat-Sandwich
emperador *m*	Schwertfisch
empiñonadas *w pl*	kleine Kuchen mit Pinienkernen
por encargo	auf Bestellung
encebollado	mit Zwiebeln
encebollado de carne *m*	eine Art Zwiebelfleisch
encurtidos *m pl*	Mixed Pickles, Essiggemüse
endibia *w*	Chicorée
endrina *w*	Schlehe
enebro *m*	Wacholder
eneldo *m*	Dill
ensaimada *w*	Blätterteigschnecke, mit Schweineschmalz (katal. *saïm*) gebacken (Mallorca)
ensaimada rellena de sobrasada *w*	mit Paprikawurst *(sobrasada)* gefüllte Blätterteigschnecke
ensalada *w*	Salat
ensalada de mariscos *w*	Salat aus Meeresfrüchten
ensalada mixta *w*	gemischter Salat
ensalada de morro de buey *w*	Ochsenmaulsalat
ensalada de pasta *w*	Nudelsalat
ensalada de patatas *w*	Kartoffelsalat
ensalada de pescado *w*	Fischsalat
ensalada de pollo *w*	Geflügelsalat
ensalada de temporada *w*	Salat der Saison
ensalada de tomate *w*	Tomatensalat
ensalada variada *w*	gemischter Salat
ensaladilla rusa *w*	russischer Salat (Kartoffeln, Gemüse und Mayonnaise)
entrada *w*, entrante *m*	Vorspeise
entrecot *m*	Entrecote (Zwischenrippenstück)
entremeses *m pl*	Vorspeisen
erizo de mar *m*	Seeigel
escabeche *m*	Marinade, Beize
escabeche de bonito *m*	marinierter Thunfisch

escaldillas *w pl*	mit Orangensaft getränktes, frittiertes Gebäck (Extremadura)
escaldón *m*	dicke Suppe aus *gofio* (geröstetes Maismehl), grünen Paprikaschoten, Speck und Knoblauch (Kanarische Inseln)
escaldums *m pl*	Hähnchen- oder Truthahnstücke in Tomaten-Zwiebel-Knoblauch-Sauce (Balearen)
escalfado	pochiert
escalivada *w*	Salat aus im Ofen gebratenen Auberginen, Zwiebeln und roten Paprikaschoten, kalt serviert (Katalonien)
escalonia *w*	Schalotte
escalope *m*, escalopa *w*	Schnitzel
escalope de cerdo *m*	Schweineschnitzel
escalope empanado *m*	paniertes Schnitzel
escalope de pollo *m*	Hähnchenschnitzel
escalope de ternera *m*	Kalbsschnitzel
escalope vienés *m*	Wiener Schnitzel
escalopines, escalopinas *m pl*	kleine Schnitzel, feine Fleischscheiben oder Fischfilets
escamas *w pl*	(Fisch-)Schuppen
escarola *w*	Endivie(nsalat)
escorpena, escorpina, escorpora *w*	Drachenkopf (Fisch)
escudella i carn d'olla *w*	Eintopf mit reichlich Fleisch und Würsten (Katalonien)
escupiña (*katal.* escopinya) *w*	eine Venusmuschelart
escupiñas a la crema *w pl*	Muscheln mit Bechamelsauce in der Schale überbacken
espaguetis *m pl*	Spaghetti
espalda de cabrito *w*	Zickleinschulter
espalda de cabrito a la vasca *w*	Zickleinschulter mit Brot-Speck-Füllung, im Ofen gebraten
espalda de cordero *w*	Lammschulter
espalda de cordero a la jardinera *w*	mit Speck gefüllte Lammschulter, mit Gemüse geschmort
españoletas *w pl*	Art Mürbeteiggebäck (Navarra)
espárragos *m pl*	Spargel
espárragos trigueros *m pl*	wilder Spargel

Spanisch – Deutsch

especialidad de la casa *w*	Spezialität des Hauses
especias *w pl*	Gewürze
espeto *m*	Bratspieß
espetón *m*	Bratspieß
espetones del palo *m pl*	auf Holzspieße gesteckte Sardinen, über Holzfeuer im Freien gebraten (Andalusien)
espina *w*	(Fisch-)Gräte
espinacas *w pl*	Spinat
espinacas a la catalana *w pl*	Spinat mit Rosinen und Pinienkernen
esponjados asturianos *m pl*	Art Schaumgebäck aus Sirup und Eiweiß
espuma *w*	Schaum
esqueixada *w*	Salat aus rohem Stockfisch, Tomaten, Zwiebeln, Paprika-schoten und Oliven (Katalonien)
estofado *m*	geschmort; Schmorgericht, Schmorbraten, Ragout
estofado de buey *m*	Ochsenragout mit Speck, Zwiebeln, Möhren und Rotwein (Asturien)
estofado de caza *m*	Wildragout
estofado de cordero *m*	Lammragout
estofado de jabalí *m*	Wildschweinragout
estofado de liebre *m*	Hasenragout
estofado de rabo de buey *m*	geschmorter Ochsenschwanz (Andalusien)
estofado de rabo de toro *m*	geschmorter Stierschwanz (Andalusien)
estofado de ternera *m*	geschmortes Kalbfleisch
estofado de la trinidad *m*	Fischtopf mit Schleie, Karpfen und Aal (Asturien)
estofado de vaca a la asturiana *m*	in Wein geschmortes Rindfleisch mit Gemüse
estofado de vaca a la catalana *m*	Rinderragout mit Erbsen
estofado a la vizcaína *m*	Ochsenragout mit Schinken, Speck, Gemüse und Gewür-zen, in Rotwein geschmort
estornino *m*	Star, Blasenmakrele
estragón *m*	Estragon

esturión *m*	Stör
esturión ahumado *m*	geräucherter Stör
eucalipto *m*	Eukalyptus
excelente	ausgezeichnet
fabada asturiana *w*	Eintopf aus besonders großen weißen Bohnen, Paprikawurst, Blutwurst und eingesalzenem Fleisch
fabes *w pl*	weiße Bohnen (Asturien)
fabes con almejas *w pl*	weiße Bohnen mit Teppichmuscheln
faisán *m*	Fasan
faisán al modo de Alcántara *m*	in Portwein gebeizter, mit Trüffeln und Entenleber gefüllter Fasan
faisán en puchero *m*	gekochter Fasan in würziger Sauce (Baskenland)
faisán en salmis con castañas *m*	Fasanenragout mit Kastanien
faisán trufado *m*	getrüffelter Fasan
faisandé	Hautgout
faneca *w*	Franzosendorsch
farcellets *m pl*	kleine Rouladen, Röllchen (Katalonien)
farcellets balears *m pl*	mit *sobrasada* (Paprikawurst) und Speck gefüllte Rindsrouladen (Balearen)
farcellets de col *m pl*	kleine Kohlrouladen mit verschiedener Füllung
farcellets de llobarro *m pl*	Wolfsbarschröllchen
farcellets de marisco *m pl*	mit Meeresfrüchten gefüllte Kohlrouladen
fariñas *w*	Brei aus Maismehl, Milch, Zucker und Honig (Asturien)
farinate *m*	eine Wurstspezialität aus Salamanca, wird häufig zu Spiegeleiern gegessen
fayules, fayueles *m pl*	eine Art Eierpfannkuchen (Asturien)
fécula *w*	Stärke
fiambres *m pl*	kalte Speisen, Aufschnitt
fibras *w pl*	Ballaststoffe (wörtlich: Faser)
fideos *m pl*	Fadennudeln

fideos de chocolate *m pl*	Schokoladenstreusel
fideos rossejats *m pl*	in einer Brühe aus hellbraun angebratenen Zwiebeln, Knoblauch, Paprika, Tomaten und Fleisch gekochte Nudeln (Katalonien)
fideuà *w*	Art Paella mit Fisch und Meeresfrüchten, aber mit Nudeln statt mit Reis (Valencia)
filete *m*	dünne Scheibe Fleisch (kein Filet!); Fischfilet
filete de buey *m*	dünne Scheibe Rindfleisch
filete de buey a la euskera *m*	in Wein-Zwiebel-Sauce gedünstete Rindfleischscheibe
filete de buey a la mostaza *m*	dünne Rindfleischscheibe mit Senf
filete de cerdo *m*	Art Schweineschnitzel
filete empanado *m*	Art paniertes dünnes Schnitzel
filete de hígado *m*	Scheibe Leber
filete de lenguado *m*	Seezungenfilet
filete de lenguado a la pescadora *m*	paniertes, gebratenes Seezungenfilet mit Kartoffeln und Erbsen
filete de lenguado a la romana *m*	Seezungenfilet, in Ei und Mehl gewälzt und in schwimmendem Öl ausgebacken
filete de merluza al cava	Seehechtfilet in Sekt
filete de mero donostiarra	Zackenbarschfilet, mit Champignons, Schinken und Zwiebeln in Wein gedünstet (Baskenland)
filete de pechuga de pollo	feine Hähnchenbrustscheibe
filete de pescado	Fischfilet
filete a la pimienta	Art Pfeffersteak
filete de ternera	dünne Kalbfleischscheibe
filete de ternera a la plancha	auf heißer Metallplatte gebratene Kalbfleischscheibe
filete de toro	eine Art Steak vom Stier
filloas *w pl*	crêpeartige, dünne Pfannkuchen (Galicien)
fino	fein
a las finas hierbas *w pl*	mit feinen Kräutern
flameado	flambiert

flamenquines *m pl*	gefüllte Fleisch- oder Fisch-röllchen, paniert und in Öl ausgebacken (Andalusien)
flan *m*	im Wasserbad gestockter Pudding
flan al caramelo *m*	Pudding mit Karamellsauce
flan de la casa *m*	hausgemachter Pudding
flan de castaña *m*	Kastanienpudding
flan de chocolate *m*	Schokoladenpudding
flan de espinacas *m*	Spinatpudding
flan con nata *m*	Pudding mit Sahne
flan de vainilla *m*	Vanillepudding
flaó *m*	eine Art Käsekuchen (Balearen)
flor de tomillo *w*	Thymianblüte
flores manchegas *w pl*	Ölgebäck in Blumenform (Kastilien)
fogón *m*	Kochherd
foie gras de oca *m*	Gänseleberpastete
foie gras de pato *m*	Entenleberpastete
foie gras trufado *m*	getrüffelte Leberpastete
frambuesas *w pl*	Himbeeren
frangollo *m*	Süßspeise aus Maismehl, Milch und Zucker (Kanarische Inseln)
freiduría *w*	Fischbraterei
fresas *w pl*	Erdbeeren
fresas del bosque *w pl*	Walderdbeeren
fresas con nata *w pl*	Erdbeeren mit Sahne
fresas a la pimienta *w pl*	Erdbeeren mit Pfeffer
fresones *m pl*	große Erdbeeren
frijoles *(reg.) m pl*	Bohnen
frío	kalt
frisât *m*	Eintopf aus dicken Bohnen, Erbsen, Kartoffeln, Nudeln und Reis (Katalonien)
frite *m*	mit Paprika gewürztes Lamm oder Zicklein, in Öl gebraten (Extremadura)
frito	frittiert, in Öl ausgebacken
frito extremeño *m*	Zickleinragout mit Knoblauch und Gewürzen

frito mallorquín *m*	gebratene Leber, Nieren, Paprikaschoten, Kartoffeln und Zwiebeln
frito de pescados a la andaluza *m*	verschiedene kleine Fische und Tintenfische, paniert und in Öl ausgebacken
fritura *w*	in Öl ausgebackene Speisen
fritura de frutos del mar *w*	frittierte Meeresfrüchte
friturillas *w pl*	eingelegte, kandierte Früchte (Andalusien)
frixuelos rellenos de crema *m pl*	mit Creme gefüllte dünne Pfannkuchen (Asturien)
fruta *w*	Frucht, Obst
fruta en almíbar *w*	Obst in Sirup (meist aus der Dose)
frutas de Aragón *w pl*	kandierte Früchte mit Schokoladenglasur
frutas confitadas *o.* escarchadas *w*	kandierte Früchte
fruta fresca *w*	frisches Obst
fruta de la pasión *w*	Passionsfrucht
frutas silvestres *w pl*	Wildfrüchte
fruta del tiempo *w*	Obst der Saison
frutas tropicales *w pl*	tropische Früchte
frutos de mar *m pl*	Meeresfrüchte
frutos secos *m pl*	Trockenfrüchte (Mandeln, Nüsse etc.)
fuet *m*	dünne Hartwurst (Katalonien)
fumet *m*	eingekochte Fisch- oder Fleischbrühe als Saucenfond
fundido	geschmolzen
gachas *w pl*	dicker Brei aus (Mais-)Mehl und Wasser, mit Schweinefleisch und Würsten oder mit Milch und Honig gegessen
gachas gaditanas *w pl*	dicker Mehlbrei, mit Anis gewürzt und mit Milch übergossen (Andalusien)
gachas malagueñas *w pl*	Art Kartoffelpfannkuchen
gachas de trigo *w pl*	dicker Brei aus Weizenmehl
galantina *w*	Fleischsülze mit feiner Füllung
galera *w*	Heuschreckenkrebs
galleta *w*	Keks

gallina *w*	Huhn
gallina a la cairatraca *w*	Huhn in Weinsauce (Kanarische Inseln)
gallina de Guinea *w*	Perlhuhn
gallina en pepitoria *w*	Huhn in einer Sauce aus Zwiebeln, Knoblauch, Mandeln und Wein, mit Eigelb legiert
gallina rellena con salsa de granada *w*	gefülltes Huhn mit Granatapfelsauce (Balearen)
gallineta *w*	Blaumaul (eine Rotbarschart)
gallo *m*	Hahn; Flügelbutt (ein Plattfisch)
galtes de cerdo *m pl*	Schweinebacken
gambas *w pl*	Garnelen, oft fälschlicherweise als Krabben bezeichnet
gambas al ajillo *w pl*	Garnelen mit Knoblauch gebraten
gambas a la plancha *w pl*	auf heißer Metallplatte gebratene Garnelen
gamo *m*	Damhirsch
ganso *m*	Gans
garbanzos *m pl*	Kichererbsen
garbanzos a la catalana *m pl*	Kichererbsen mit Bratwurst, Tomaten und Pinienkernen
garbanzos a lo pobre *m pl*	Kichererbsen mit Kartoffeln
garbanzos de vigilia *m pl*	Kichererbsen mit Spinat oder Mangold und harten Eiern (Fastenspeise an Ostern, Mallorca)
gaseosa *w*	Erfrischungsgetränk aus gesüßtem, mit Kohlensäure versetztem Wasser
gató *m*	Mandeltorte
gazapo *m*	junges Kaninchen
gazpacho *m*	kalte Suppe mit vielen Varianten; ohne Zusatz handelt es sich meist um den *gazpacho andaluz*
gazpacho andaluz *m*	kalte Suppe aus rohen Tomaten, Paprikaschoten, Gurken, Brotkrume, evtl. Zwiebeln, Öl, Essig und Wasser
gazpacho de Antequera *m*	kalte Suppe aus Mandeln, Knoblauch und Zitronensaft

gazpacho blanco de habas *m*	kalte Suppe aus weißen Bohnen, Brot und Eiern
gazpacho extremeño *m*	kalte Suppe aus Tomatenstückchen, Brot, Zwiebeln, Knoblauch und Öl
gazpacho manchego *m*	Art Ragout aus Wild und Geflügel (Hase, Kaninchen, Rebhühner, Tauben etc.)
gazpacho pastoril *m*	kalte Gurkensuppe (Extremadura)
gazpachuelo frío *m*	kalte Suppe aus Brot und Mayonnaise, mit Oliven und Tomatenstückchen serviert
gazpachuelo de pescado *m*	Fischsuppe mit Kartoffeln und Mayonnaise
gelatina *w*	Gelatine
gérmenes de soja *m pl*	Sojakeime
gérmenes de trigo *m pl*	Weizenkeime
girella *w*	Wurst aus Hammeldarm, Schweineinnereien, Reis, Ei und Gewürzen (Spezialität aus Lérida, katal. Lleida)
gírgola *w*	Kräuterseitling, ein Speisepilz (Katalonien)
glaseado	glasiert
glorias *w pl*	Gebäck aus Mandeln und Zucker mit Füllung aus Süßkartoffeln
gofio *m*	geröstetes Mais-, Weizen- oder Roggenmehl, mit Wasser oder Milch zu einem Kloß geformt, als Beilage oder Brotersatz (Kanarische Inseln)
golosinas *w pl*	Naschwerk, Leckerbissen, Delikatessen
gorrets *m pl*	mit Mandeln gefüllte süße Hütchen (Katalonien)
gorrín asado *m*	Ferkelbraten (Navarra)
gorro verde *m*	Grünschuppiger Täubling (ein Speisepilz)
goulash *m*	Gulasch
gragea *w*	Dragee
gran surtido de … *m*	große Auswahl an …
granada *w*	Granatapfel

grande	groß
granizado *m*	Erfrischungsgetränk mit zerstoßenem Eis
granizado de café *m*	Café mit zerstoßenem Eis
granizado de limón *m*	Zitronensaft mit zerstoßenem Eis
grano *m*	Korn; Kern
grano de café *m*	Kaffeebohne
grano de mostaza *m*	Senfkorn
grano de pimienta *m*	Pfefferkorn
grasa *w*	Fett
grasa animal *w*	tierisches Fett
grasa vegetal *w*	Pflanzenfett
graso	fett
al gratén *m*	gratiniert, überbacken
gratinado *m*	gratiniert; überbackenes Gericht
greixera d'ous *w*	Mischgemüse mit Scheiben von harten Eiern (Mallorca)
greixonera de cerdo *w*	Auflauf aus Schweinsfüßchen, Speck und Ei (Mallorca)
greixonera dulce *w*	süßer Auflauf mit *ensaimadas* oder Biskuit mit Milch und Eiern (Mallorca)
grelos *m pl*	die zarten Blätter der weißen Rübe (Galicien, León)
grosellas (rojas) *w pl*	Rote Johannisbeeren
grosellas negras *w pl*	Schwarze Johannisbeeren
gruyère *m*	Greyerzer, Schweizer Käse
guarnición *w*	Beilage
güeña *w*	Wurst aus Schweineinnereien (Teruel)
guiñapo *m*	Gericht aus Kartoffeln und Meeresfrüchten (Andalusien)
guinda *w*	Sauerkirsche; Belegkirsche
guindas confitadas *w pl*	kandierte Kirschen
guindilla *w*	scharfe Pfefferschote, als Gewürz verwendet
guisado *m*	geschmort; Schmorgericht
guisandielles *w pl*	Art Pasteten mit Walnussfüllung, in der Pfanne gebacken (Asturien)
guisat de marisc *m*	Fischtopf mit Schnecken (Ibiza)
guisantes *m pl*	Erbsen

guisantes a la bilbaína *m pl*	Erbsen mit Zwiebeln, Schinken und Kartoffeln
guisantes a la castellana *m pl*	Erbsen mit Schinken und Kartoffeln
guisantes a la catalana *m pl*	Erbsen mit Geflügelklein
guisantes a la extremeña *m pl*	Erbsen mit Schinken, Paprikawurst und Kartoffeln
guisantes a la Navarra *m pl*	in Wein gekochte Erbsen mit harten Eiern
guisantes salteados *m pl*	Erbsen mit Schinkenstückchen in Butter geschwenkt
guiso *m*	Gericht mit Sauce; Schmorgericht
al gusto	nach Belieben, nach Wahl, nach Geschmack
habas *w pl*	dicke Bohnen, Saubohnen
habas a la catalana *w pl*	dicke Bohnen mit Speck, Blutwurst, Tomaten, Zwiebeln und Minze
habas frescas con calzón *w pl*	junge dicke Bohnen, in der Schote gekocht und mit Knoblauch und Schinken gewürzt
habas a la granadina *w pl*	dicke Bohnen mit Schinken und Kräutern
habas al estilo de Mahón *w pl*	dicke Bohnen mit Paprikawurst *(sobrasada)*
habas a la rondeña *w pl*	dicke Bohnen mit Schinken, Zwiebeln, Tomaten und harten Eiern
habas de soja *w pl*	Sojabohnen
habas verdes *w pl*	je nach Region grüne Bohnen oder zarte dicke Bohnen
habichuelas *w pl*	weiße Bohnen
hamburguesa *w*	Hamburger, Frikadelle
hebras de azafrán *w pl*	Safranfäden
helado *m*	Speiseeis, Eiscreme; gefroren
herrera *w*	Marmorbrasse (ein Fisch)
hervido	gekocht
hidratos de carbono *m pl*	Kohlenhydrate
hielo *m*	Eis(würfel)
hierbabuena *w*	Minze
hierbas *w pl*	Kräuter

a las hierbas *w pl*	mit Kräutern zubereitet
higadillos (de ave) *m pl*	Geflügelleber
hígado *m*	Leber
hígado de cordero a la molinera *m*	Lammleber in Wein-Mandel-Sauce
hígado encebollado *m*	Kalbs- oder Lammleber mit viel Zwiebeln
hígado de oca *m*	Gänseleber
hígado de pato *m*	Entenleber
hígado de ternera *m*	Kalbsleber
hígado de ternera estofado *m*	in Weinsauce geschmorte Kalbsleber
higos *m pl*	Feigen
higos chumbos *m pl*	Kaktusfeigen
higos secos *m pl*	getrocknete Feigen
hinojo *m*	Fenchel
hoja de parra *w*	Weinblatt
hojaldre *m*	Blätterteig
hojuelas *w pl*	in der Pfanne gebackene Teigblättchen mit Honig
hongos *m pl*	Pilze
horchata *w*	Erdmandelmilch
hornazo *m*	Teigpastete mit Fleisch, Schinken, Geflügel und Wurst gefüllt (Salamanca)
hornazo de Pascua *m*	flache Osterkuchen mit Mandelfüllung (Andalusien)
hornazo de romería *m*	Teigpastete mit Fleisch, Schinken, Ei und Wurst gefüllt (La Mancha)
horneado, al horno *m*	im Ofen gebraten oder gebacken
al (*o.* en) horno de leña *m*	im Holzofen gebraten oder gebacken
hortalizas *w pl*	(Garten-)Gemüse
hueso *m*	Knochen; Stein (vom Obst)
hueso con tuétano *m*	Markknochen
huesos de santo *m pl*	gefüllte Marzipanröllchen
huevas *w pl*	Rogen
huevas de mújol *w pl*	Meeräschenrogen
huevos *m pl*	Eier
huevos de codorniz *m pl*	Wachteleier
huevos duros *m pl*	harte Eier
huevos escalfados *m pl*	verlorene Eier, pochierte Eier

huevos al estilo de Sóller *m pl*	Spiegeleier auf *sobrasada* mit Gemüsepüree (Balearen)
huevos a la flamenca *m pl*	Eier auf Tomaten-, Paprikawurst- und Schinkenscheiben, grünen Bohnen, Erbsen, Spargel und roten Paprikaschoten, im Ofen gestockt (Andalusien)
huevos fritos *m pl*	Spiegeleier
huevos fritos a la andaluza *m pl*	Spiegeleier mit Bratwurst, Schinken und Artischockenherzen
huevos a la gitanilla *m pl*	Eier auf einer Paste aus Knoblauch, Mandeln, Brot, Gewürzen und Öl, im Ofen gestockt
huevos hilados *m pl*	fadenförmige Eigelb-Zucker-Masse zum Verzieren von Süßspeisen oder Gebäck
huevos rellenos *m pl*	gefüllte harte Eier
huevos revueltos *m pl*	Rühreier
huevos serranos *m pl*	Spiegeleier auf gefüllten Tomaten, im Ofen mit Käse überbacken (Extremadura)
huevos al vaso *m pl*	Eier im Glas
incluido	inklusive, inbegriffen
infusión *w*	Kräutertee
infusión de manzanilla *w*	Kamillentee
infusión de menta *o.* poleo *w*	Minztee
infusión de tila *w*	Lindenblütentee
ingredientes *m pl*	Zutaten
I.V.A. incluido (en el precio) *m*	Mehrwertsteuer (im Preis) inbegriffen
I.V.A. no incluido *m*	Mehrwertsteuer nicht inbegriffen
jabalí *m*	Wildschwein
jabato *m*	Frischling (junges Wildschwein)
jalea *w*	Gelee
jalea de grosella *w*	Johannisbeergelee
jamón *m*	Schinken
jamón de bellota *w*	Schinken von Schweinen, die nur mit Eicheln gemästet werden
jamón cocido, jamón York *m*	gekochter Schinken

jamón (en) dulce *m*	gekochter Schinken mit karamellisierter Oberfläche
jamón ibérico *m*	Qualitätsschinken von der iberischen Schweinerasse *(cerdo ibérico)*
jamón de Jabugo *m*	luftgetrockneter Qualitätsschinken aus dem gleichnamigen Ort (Provinz Huelva)
jamón con melón *m*	roher Schinken mit Melone
jamón de pata negra *m*	Qualitätsschinken von der iberischen Schweinerasse
jamón serrano *m*	luftgetrockneter Bergschinken, auch allgemein Bez. für rohen Schinken
jamón de Salamanca *m*	Qualitätsschinken aus der gleichnamigen Provinz
jamón de Teruel *m*	luftgetrockneter Bergschinken aus der gleichnamigen Provinz
jamón de Trevélez *m*	im Schnee der Sierra Nevada getrockneter Qualitätsschinken aus dem gleichnamigen Ort (Provinz Granada), dem höchstgelegenen Dorf Spaniens
japuta *w*	Bläuel (ein Mittelmeerfisch)
jarabe *m*	Sirup
a la jardinera	Gärtnerinart, d. h. mit verschiedenen Gemüsen
jarra *w*	Kanne, Krug, Karaffe
jarrete *m*	Haxe, Hachse
jarrete de cordero *m*	Lammhaxe
jarrete de ternera *m*	Kalbshaxe
jengibre, jenjibre *m*	Ingwer
jibia *w*	andalusisch für Sepia, Tintenfisch
jibión *m*	Tintenfisch (Kantabrien)
judías blancas *w pl*	weiße Bohnen
judías blancas a la castellana *w pl*	weiße Bohnen mit Tomaten, Zwiebeln und Knoblauch
judías blancas leridanas *w pl*	weiße Bohnen mit Kartoffeln, Blutwurst und Kohl
judías blancas a la montañesa *w pl*	weiße Bohnen mit Schinken, Speck, Zwiebeln, Paprika-

	schoten und Gewürzen (Kantabrien)
judías encamadas *w pl*	rote Bohnen
judías encamadas a la madrileña *w pl*	rote Bohnen mit Speck, Würstchen, Zwiebeln und Knoblauch
judías pintas *w pl*	gefleckte Bohnen
judías tiernas *o.* verdes *w pl*	grüne Bohnen
judías verdes a la española *w pl*	grüne Bohnen mit roten Paprika- schoten, Knoblauch und Petersilie
judías verdes con jamón *w pl*	grüne Bohnen mit Schinkenstückchen
judías verdes con tomate *w pl*	grüne Bohnen mit Tomatensauce
judiones *m pl*	besonders große weiße Bohnen
jugo *m*	Saft, Fleisch- bzw. Bratensaft
en su jugo *m*	im eigenen Saft
julia *w*	Meerjunker, Pfauenfisch (kantabrische Küste)
juliana, cortado en juliana	in feine Streifen geschnitten (Gemüse oder Fleisch)
jurel *m*	Stöcker, Bastardmakrele
jureles a la sidra *m pl*	Stöcker, mit Milch und Apfelwein zubereitet
kabrarroka *w*	bask. Name für Roter Drachenkopf *(cabracho)*
kalimotxo *m*	Getränk aus Rotwein und Coca-Cola
karramarros *m pl*	kleine Meereskrebse (bask.)
kiwi *m*	Kiwi
kokotxas *w pl*	Fischbäckchen (fleischiger Auswuchs im Kopf bestimm- ter Fische, insbesondere des Seehechts, als Delikatesse geschätzt) (Baskenland)
kokotxas de bacalao *w pl*	Kabeljaubäckchen
kokotxas a la donostiarra *w pl*	Seehechtbäckchen mit Knob- lauch, Petersilie und Erbsen
kokotxas de merluza	Seehechtbäckchen
kokotxas al pil-pil	in Öl und Knoblauch langsam gegarte Seehechtbäckchen

kokotxas en salsa verde	Seehechtbäckchen in grüner (Kräuter-)Sauce
a la koskera	bask. Zubereitungsart von Fisch in der Tonschale, mit Erbsen, Spargel etc. und Sauce
lacón *m*	eine Art gesalzene, luftgetrocknete Schweinshaxe (Galicien)
lacón con cachelos *m*	*lacón* mit gekochten Kartoffeln
lacón con grelos *m*	*lacón* mit jungen Rübenblättern, Kartoffeln und Paprikawurst (Galicien, León)
lagarto *m*	Eidechse (wird in manchen Gegenden gegessen)
lagarto en salsa verde *m*	Eidechse in grüner Sauce (Extremadura)
lamprea *w*	Neunauge, Lamprete
lamprea a la asturiana *w*	gebratenes Neunauge in Wein-Schokoladen-Sauce
lamprea a la gallega *w*	geschmortes Neunauge mit Knoblauch und Zwiebeln in Wein-Essig-Sauce
lamprea a la marinera *w*	Neunauge mit Champignons in Zwiebel-Wein-Sauce
langosta *w*	Languste
langosta con caracoles *w*	Languste mit Schnecken (Katalonien)
langosta a la catalana *w*	Languste mit Zwiebeln, Knoblauch, Mandeln, Schokolade, Kräutern und Gewürzen
langosta al estilo de Ampurdán *w*	in Wein gekochte Languste mit Haselnüssen und Pinienkernen (Katalonien)
langosta al estilo de Bilbao *w*	Langustenstücke in einer Sauce aus Zwiebeln, Knoblauch, Tomaten, Petersilie, Safran und Apfelwein
langosta al estilo de Ibiza *w*	Languste mit gefüllten Tintenfischen und Kräuterbranntwein
langosta levantina *w*	mit Tomaten, Zwiebeln, Knoblauch, Pinienkernen und Sherry gedünstete Langustenstücke

langosta a la mallorquína w	flambierte Languste mit pikanter Weinsauce
langosta con pollo a la Costa Brava w	Langusten- und Hähnchenstücke in einer Sauce aus Knoblauch, Tomaten, Petersilie und gerösteten Mandeln
langosta al romesco w	Languste in pikanter Mandelsauce (Levante)
langosta a la vizcaína w	überbackenes Langustenfleisch
langostinos m pl	eine Garnelenart
langostinos a la española m pl	mit Zwiebeln, Knoblauch und Petersilie gedünstete Garnelen
langostinos a la marinera m pl	Garnelen in Weinsauce
lapa w	Napfschnecke
lasaña w	Lasagne (große Nudelteigplatten mit Hackfleisch-Tomaten-Füllung)
lata w	Konservendose
laurel m	Lorbeer
lazos de San Guillermo m pl	Blätterteiggebäck (León)
lebrada w	eine Art Hasenpfeffer
lebrada de pregonaos w	Hasenragout in Rotweinsauce mit Mandeln und Pinienkernen (Salamanca)
lebrato m	Junghase
lechal m/w	Milchtier
lechazo m	Milchlamm
lechazo asado m	Milchlammbraten
leche w	Milch
leche condensada w	Kondensmilch
leche frita w	dicke Puddingmasse, in Quadrate geschnitten und in heißem Öl ausgebacken
leche merengada w	süße Milch mit Eischnee, Zimt und Zitrone, halbgefroren
leche semidesnatada w	fettarme Milch
lechecillas w	Brieschen
lechón m, lechona w	Spanferkel
lechón asado m	Spanferkelbraten

lechona rellena *w*	gebratenes Spanferkel mit einer Füllung aus Innereien, Äpfeln und Pflaumen (Balearen)
lechuga *w*	grüner Salat (in Spanien meist der sogenannte römische Salat mit langen festen Blättern)
lechuga francesa *w*	Kopfsalat
lechuga iceberg *w*	Eisbergsalat
lechuga romana *w*	Römersalat
legumbres *w pl*	Hülsenfrüchte
lengua *w*	Zunge
lengua de ternera *w*	Kalbszunge
lengua de vaca *w*	Rinderzunge
lenguado *m*	Seezunge
lenguado al Albariño *m*	in Albariño-Wein gedünstete Seezunge (Galicien)
lenguado a l'all cremat *m*	Seezunge mit scharf angebratenem Knoblauch (Katalonien)
lenguado a la almendra *m*	Seezunge mit Mandeln
lenguado a la andaluza *m*	mit roten Paprikaschoten und Petersilie gefüllte Seezungenröllchen, zu Reis und Tomatensauce
lenguado frito a la gaditana *m*	gebratene Seezunge mit Petersilie und Zitrone (Cádiz)
lenguado a la sal *m*	in dicker Salzkruste gegarte Seezunge
lenguado a la sidra *m*	Seezunge mit Muscheln, Garnelen und Apfelwein (Asturien)
lenguas de gato *w pl*	Löffelbiskuits; Katzenzungen (Schokolade)
lentejas *w pl*	Linsen
lentejas a la antigua *w pl*	mit Speck gekochte Linsen
lentejas estofadas *w pl*	Linsen mit Gemüse und Kartoffeln
levadura *w*	Hefe
levadura en polvo *w*	Backpulver
licor de café *m*	Kaffeelikör
licor de menta *m*	Pfefferminzlikör
licor de naranja *m*	Orangenlikör
liebre *w*	Hase
liebre a la cazadora *w*	Hase in Rotweinsauce mit Tomaten und Zwiebeln

liebre estofada con judías *w*	geschmorter Hase mit weißen Bohnen (Asturien)
liebre en su salsa *w*	Hase in Rotwein mit Zwiebeln, Möhren und weißen Rüben (Kastilien)
liebre en salsa negra a la extremeña	Art Hasenpfeffer
ligado	legiert (Sauce, Suppe)
ligero	leicht
lima *w*	Limette
limón *m*	Zitrone
limonada *w*	Limonade
linaza *w*	Leinsamen
lionesas *w pl*	mit Creme gefüllte kleine Windbeutel
líquido *m*	flüssig; Flüssigkeit
lisa *w*	Dicklippige Meeräsche (ein Fisch)
llenega *w*	Natternschneckling (ein Speisepilz in Katalonien)
para llevar	zum Mitnehmen
llobarro *m*	katal. für Wolfsbarsch *(lubina)*
a la llosa *w*	auf einer heißen Schieferplatte gebraten (katal.)
lluç *m*	katal. für Seehecht
local climatizado *m*	klimatisiertes Lokal
locha *w*	Bartgrundel, Schmerle
lombarda *w*	Rotkohl, Blaukraut
lombarda de San Isidro *w*	Rotkohl mit Knoblauch und Pinienkernen (und evtl. Rosinen) in Kastilien
lombarda a la segoviana *w*	Rotkohl mit Schinken und Knoblauch gedünstet
lomo *m*	Rücken bzw. Karree (ohne Zusatz handelt es sich meist um Schweinerücken), aber auf keinen Fall Lende *(solomillo)*
lomo asado *m*	Schweinerückenbraten
lomo asado rojo *m*	Schweinerückenbraten, mit Öl, Knoblauch und Paprikapulver mariniert
lomo de cerdo *m*	Schweinerücken

lomo de cerdo a la andaluza *m*	Schweinerücken mit grünen Paprikaschoten
lomo de cerdo a la aragonesa *m*	Schweinerücken mit Tomaten, Schinken, schwarzen Oliven und Wein
lomo de cerdo a la asturiana *m*	Schweinerücken mit Äpfeln und Apfelwein
lomo de cerdo a la catalana *m*	Schweinerücken mit weißen Bohnen
lomo de cerdo al estilo vasco *m*	Schweinerücken in Milch-Pfeffer-Sauce
lomo de cerdo a la mallorquína *m*	panierte, gebratene Schweinelende mit Paprikawurst *(sobrasada)*
lomo de cerdo a la riojana *m*	Schweinerücken mit Tomaten und roten Paprikaschoten
lomo de cerdo a la sevillana *m*	Schweinerücken in Tomaten-Oliven-Sauce
lomo de ciervo *m*	Hirschrücken
lomo de corzo *m*	Rehrücken
lomo embuchado *m*	getrockneter, gebeizter Schweinerücken im Darm (als Aufschnitt)
lomo de jabalí adobado *m*	gebeizter Wildschweinrücken (Navarra)
lomo de liebre *m*	Hasenrücken
lomo de merluza *m*	Seehechtfilet aus der Rückenseite
lomo de merluza a la marinera *m*	Seehechtfilet mit Garnelen und Venusmuscheln in Gemüsesauce
loncha *w*	Scheibe
longaniza *w*	dünne Hartwurst
lubigante *m*	in Galicien Bez. für Hummer *(bogavante)*
lubina *w*	Wolfsbarsch
lubina a la asturiana *w*	Wolfsbarsch mit Meeresfrüchten in einer Sauce aus Tomaten, Zwiebeln und Apfelwein
lubina a la gijonesa *w*	Wolfsbarsch mit Venusmuscheln und Apfelwein
lubina a la marinera *w*	Wolfsbarsch in Tomaten-Wein-Sauce

lubina a la piperrada *w*	Wolfsbarsch mit grünen und roten Paprikaschoten, Zwiebeln und Tomaten
lubina a la sal *w*	in dicker Salzkruste gegarter Wolfsbarsch
lucio *m*	Hecht
lucioperca *w*	Zander
lúpulo *m*	Hopfen
macarrones *m pl*	Makkaroni
macarrones a la boloñesa *m pl*	Makkaroni mit Tomaten-Hackfleisch-Sauce
macarrones a la italiana *m pl*	Makkaroni mit Butter und Parmesankäse
macarrones a la napolitana *m pl*	Makkaroni mit Tomatensauce
macedonia de frutas *w*	Obstsalat
macedonia de verduras *w*	Mischgemüse
macerado	eingelegt, mariniert
macis *m*	Muskatblüte
madroño *m*	Baumerdbeere
maduro	reif
ma(g)dalena *w*	Madeleine (kleines rundes Biskuitgebäck)
magra *w*	Schinkenscheibe
magras con tomate *w pl*	gebratene Schinkenscheiben in Tomatensauce (Aragón)
magret de oca *m*	Gänsebrust in Scheiben
magret de pato *m*	Entenbrust in Scheiben
magro de cerdo *m*	mageres Schweinefleisch
mahonesa, mayonesa *w*	Mayonnaise
maíz *m*	Mais
malta *w*	Malz
mandarina *w*	Mandarine
mango *m*	Mango
manitas de cerdo *w pl*	Schweinsfüßchen
manitas de cordero *w pl*	Lammfüßchen
manteca de cerdo *w*	Schweineschmalz
mantecados *m pl*	feines Schmalzgebäck
mantel *m*	Tischtuch, Tischdecke
mantequilla *w*	Butter
manzana *w*	Apfel
manzanas asadas *w pl*	Bratäpfel

mar y cielo *m*	»Meer und Himmel«, Gericht aus Kaninchenfleisch, Bratwürsten, Garnelen und Seeteufel (Costa Brava)
mar y montaña, mar y tierra *m*	»Meer und Gebirge«, »Meer und Erde«, Kombination von Meeresfrüchten und Fleisch, z. B. Hähnchen mit Garnelen (Costa Brava)
maracuyá *w*	Passionsfrucht
maragota *w*	Gefleckter Lippfisch
marañuelas *w pl*	feines Buttergebäck in Brezelform
margarina *w*	Margarine
marinada *w*	Marinade
marinado	mariniert
a la marinera	nach Seemannsart, d. h. mit Weißwein, Zwiebeln, Tomaten und Gewürzen zubereitet
mariscada *w*	Gericht aus verschiedenen Meeresfrüchten
mariscos *m pl*	Meeresfrüchte (Muscheln, Tintenfische und Krustentiere)
marmitako *m*	Eintopf aus frischem Thunfisch, Kartoffeln, Tomaten, Zwiebeln, Knoblauch und Gewürzen (Baskenland)
marquesa de limón *w*	halbgefrorene Zitronenschaumspeise
maruca *w*	Leng (Fisch)
masa *w*	Teig
mascota *w*	Art Buttercremetorte (Baskenland)
materia grasa *w*	Fettgehalt
mazapán *m*	Marzipan
mazorca de maíz *w*	Maiskolben
mechado	gespickt
medallón *m*	Medaillon (kleines rundes Filetstück, Fleisch oder Fisch)
medialuna *w*	Hörnchen
media ración *w*	halbe Portion
mediasnoches *w pl*	kleine ovale Brötchen aus Hefeteig
medio	halb

medio hecho	halb durchgebraten, medium (Steak)
mejillones *m pl*	Miesmuscheln, Pfahlmuscheln
mejillones a la marinera *m pl*	Miesmuscheln in Zwiebel-Knoblauch-Wein-Sauce
mejillones al vapor *m pl*	gedämpfte Miesmuscheln
mejorana *w*	Majoran
melindres *m pl*	Mandel-Anis-Gebäck
melisa *w*	Melisse
melocotón *m*	Pfirsich
melocotón en almíbar *m*	(Dosen-)Pfirsich in Sirup
melón *m*	Melone
melón con jamón serrano *m*	Melone mit rohem Schinken
melva *w*	Fregattmakrele
membrillo *m*	Quitte
mendrugo (de pan) *m*	Brotbrocken
menestra *w*	Gemüseeintopf oder Mischgemüse
menestra de Tudela *w*	Gemüseeintopf mit Erbsen, grünen Bohnen, Spargel, Artischocken, Schinken und Paprikawurst (Navarra)
menestra de verduras a la riojana *w*	gemischtes Gemüse der Rioja (Erbsen, Artischocken, Spargel etc.)
menjar blanc *m*	süße Milchsuppe mit gemahlenen Mandeln, Zimt und Zitrone (Katalonien)
menta *w*	Minze
menta piperita *w*	Pfefferminze
menú *m*	Menü
menú de degustación *m*	Probiermenü (mehrere kleine Gerichte)
menú del día *m*	Tagesmenü
menudos *m pl*	Innereien
menú infantil *m*	Kindermenü
merendero *m*	Ausflugslokal im Freien, wo das Essen selbst mitgebracht werden kann
merengue *m*	Baiser
merluza *w*	Seehecht

merluza en salsa verde *w*	Seehechtscheiben in Knoblauch-Petersilien-Sauce
merluza a la sidra *w*	Seehechtscheiben in Apfelweinsauce (Asturien)
mermelada *w*	Marmelade
mero *m*	Zackenbarsch
mero a la mediterránea *m*	gebratene Zackenbarschstücke mit Kartoffeln in Tomaten-Zwiebel-Knoblauch-Sauce
mero a la vizcaína *m*	gekochter Zackenbarsch mit Zwiebeln, Tomaten, Knoblauch, roten Paprikaschoten und Wein
mezclado	gemischt
michirones *m pl*	dicke Bohnen (Murcia)
miel *w*	Honig
miel de azahar *w*	Orangenblütenhonig
miel de flores *w*	Blütenhonig
miel sobre hojuelas *w*	dünne Pfannkuchen mit Honig (La Mancha)
mielga *w*	Dornhai
miga *w*	Krümel, Brösel
miga de pan *w*	Brotkrume
migas *w pl*	in Öl geröstete Brotwürfel mit je nach Region verschiedenen Zutaten
migas extremeñas *w pl*	mit durchwachsenem Speck, Knoblauch und Paprikaschoten geschmorte Brotstücke (Extremadura)
migas manchegas *w pl*	geröstete Brotwürfel mit Schinken, Speckgrieben und Knoblauch
mijo *m*	Hirse
milhojas *w pl*	Blätterteiggebäck
minchas *w pl*	Strandschnecken (Galicien)
mojama *w*	getrockneter Thunfisch
moje manchego *m*	dickliche Sauce aus Tomaten, Zwiebeln, Knoblauch, Paprikaschoten, Thunfisch, mit schwarzen Oliven kalt serviert

mojete *m*	Gericht aus Stockfisch, Kartoffeln, Zwiebeln, Tomaten und Knoblauch (La Mancha)
mojicones *m pl*	Art Biskuitgebäck
mojo *m*	pikante Sauce auf der Basis von Öl, Essig und Knoblauch in verschiedenen Abwandlungen (Kanarische Inseln)
mojo de cerdo *m*	Schweinefleisch, Herz und Speck in Wein gekocht (Kanarische Inseln)
mojo colorao *m*	pikante Sauce mit Paprikapulver (Kanarische Inseln)
mojo picón *m*	pikante Sauce mit scharfen Pfefferschoten (Kanarische Inseln)
mojo verde *m*	pikante Sauce mit Koriander (Kanarische Inseln)
molido	gemahlen
mollejas *w pl*	Bries
moluscos *m pl*	Weichtiere, Muscheln
mona de Pascua *w*	mit Eiern belegter Osterkuchen (Valencia) oder kunstvolles Gebilde aus Schokolade (Katalonien)
monda *w*	Omelett mit Schinken und Fleisch (Andalusien)
mondongo gitano *m*	Kutteln mit Kichererbsen und Paprikawurst (Andalusien)
mongetes *w pl*	katal. für Bohnen
montaditos *m pl*	kleine belegte Brötchenhälften
mora *w*	Brombeere
moraga de sardinas *w*	am Spieß im Freien gebratene frische Sardinen
morcilla *w*	Blutwurst
morcillo de ternera *m*	Kalbsschulter
morcón *m*	eine Wurstart mit regionalen Varianten
morro de buey *m*	Ochsenmaul
morroncho *m*	kleine Austernart
mortemelo *m*	dicker Brei aus Schweineleber, Geflügelinnereien und Wild (Cuenca)

mostachones *m pl*	feines Gebäck aus Eiern, Mehl, Zimt und Zucker (Levante)
mostaza *w*	Senf
mousse *w*	Mousse, Schaumspeise
mújol *m*	Meeräsche (Fisch)
múrgola *w*	Morchel
muselina *w*	Sahnecreme, Sahnesauce
muslo *m*	Schenkel
muslo de pavo *m*	Putenschenkel
muslo de pollo *m*	Hähnchenschenkel
nabo *m*	weiße Rübe
ñame *m*	Yamswurzel
naranja *w*	Orange, Apfelsine
naranja amarga *w*	Bitterorange
naranja sanguina *w*	Blutorange
nata *w*	Sahne
nata montada *w*	Schlagsahne
natillas *w pl*	Cremespeise aus Milch, Zucker und Eigelb
natillas borrachas *w pl*	Cremespeise mit rumgetränkten Löffelbiskuits
natillas de chocolate *w pl*	Schokoladencreme
natillas de vainilla *w pl*	Vanillecreme
(al) natural	natur, im eigenen Saft
navaja *w*	Schwertmuschel
navarin de cordero *m*	Lammragout mit weißen Rüben
nécoras *w pl*	Schwimmkrabben
nectarina *w*	Nektarine
neules *w pl*	Waffelröllchen (zu Weihnachten in Katalonien)
nidos de patata *m pl*	Kartoffelnester aus Strohkartoffeln mit beliebiger Füllung
niños envueltos *m pl*	Fleischrouladen mit Schinken und Ei gefüllt (Andalusien)
níscalo *m*	Echter Reizker (Pilz)
níscalos con ajo y perejil *m pl*	mit Knoblauch und Petersilie gebratene Reizker
níscalos a la segoviana *m pl*	Reizker mit Knoblauch und Semmelbrösel überbacken
nísperos *m pl*	Mispeln
nogada *w*	Gericht aus Kartoffeln und Walnüssen (Levante)

ñoquis *m pl*	Gnocchi, Klößchen
ñoquis de patata *m pl*	Kartoffelklößchen
ñoras *w pl*	kleine getrocknete Pfefferschoten als Gewürz (Levante)
nueces *w pl*	Walnüsse
nueces con nata y miel *w pl*	Walnüsse mit Sahne und Honig
nuez *w*	Walnuss
nuez del Brasil *w*	Paranuss
nuez moscada *w*	Muskatnuss
oblea *w*	Oblate
oca *w*	Gans
oca con peras *w*	Gans mit Birnen (Katalonien)
oliva *w*	Olive
olla *w*	Kochtopf; Eintopfgericht
olla de Castellón *w*	weiße Bohnen, Rindfleisch und Speck
olla gitana *w*	Kichererbsen, grüne Bohnen, Kürbis und Kartoffeln (Murcia)
olla levantina *w*	Kichererbsen, weiße Bohnen, Mangold, Sellerie, Kartoffeln, Fleisch, Wurst und Speck
olla podrida *w*	Kichererbsen, Fleisch, Speck und Gemüse (Kastilien)
olla de trigo *w*	Eintopf aus Weizen, Kichererbsen, Blut- und Paprikawurst und Fenchel (Andalusien)
olleta alicantina *w*	Eintopf aus weißen Bohnen, Schweinefleisch und Gemüse
orégano *m*	Oregano, wilder Majoran
orejas *w pl*	Ohren; Blätterteiggebäck (León)
orejas de cerdo a la leonesa *w pl*	Schweinsohren mit Zwiebeln und gerösteten Brotstücken
orejones *m pl*	getrocknete Aprikosenhälften
orelletes *w pl*	in Öl ausgebackene flache Aniskuchlein (Katalonien)
oronja *w,* ou de reig *(katal.)*	Kaiserling, Kaiserpilz
ortega *w*	Birkhuhn
ortiga *w*	Brennnessel
ossobuco *m*	Beinscheiben vom Kalb oder Ochsen, geschmort
ostiones *m pl*	portugiesische Austern

ostras *w pl*	Austern
oveja *w*	Schaf
pa de pessic *m*	Art lockerer Biskuitkuchen (Spezialität aus Vic, Katalonien)
pa amb tomàquet i pernil *m*	geröstete Weißbrotscheibe, mit Tomate eingerieben, mit Öl beträufelt und mit einer Scheibe Schinken belegt (katal. Spezialität)
pacana *w*	Pecannuss
paciencias *w pl*	Eiergebäck mit Zucker und Zimt
paella *w*	Reisgericht, in einer besonderen, flachen Pfanne zubereitet, mit den verschiedensten Zutaten und in zahlreichen Abwandlungen (Levante)
paella alicantina *w*	Reispfanne mit Hähnchen oder Kaninchen, Meeresfrüchten und roten Paprikaschoten
paella de anguilas *w*	Reispfanne mit Aal, Schnecken und grünen Bohnen (Levante)
paella de mariscos *w*	Reispfanne mit Meeresfrüchten
paella valenciana *w*	sie enthält u. a. Geflügelfleisch und grüne Bohnen, aber keine Meeresfrüchte
paella de verduras *w*	Reispfanne mit Gemüse
pagel *m*	kleine Rotbrasse
paja *w*	Strohhalm, Trinkhalm
de palangre *m*	mit Angelseil gefischt, heutzutage ziemlich teuer
paletilla *w*	Schulterblatt
paletilla de cordero *w*	Lammschulter
paletilla de lechazo *w*	Milchlammschulter
palillo *m*	Zahnstocher
palitos de chocolate *m pl*	Schokoladenstäbchen
palmera *w*	Schweinsohr (Gebäck)
palmiche *m*	Palmkohl
palmitos *m pl*	Palmherzen
paloma *w*	Taube
paloma torcaz *w*	Ringeltaube
palometa (negra) *w*	anderer Name für *japuta* (Brachsenmakrele)
palomino *m*	junge Wildtaube

palomitas (de maíz) *w pl*	Puffmais
palosanto *m*	Kaki(frucht)
pan *m*	Brot
pan chapata *m*	ein längliches Fladenbrot
pan de Alá *m*	Gebäckspezialität von Murcia
pan de almendras *m*	Mandelbrot
pan de centeno *m*	Roggenbrot, Graubrot
pan dormido *m*	süßes Brot, eine Spezialität der Provinz Teruel
pan de higo *m*	Feigenbrot
pan integral *m*	Vollkornbrot
pan de leña *m*	Holzofenbrot
pan de maíz *m*	Maisbrot
pan con mantequilla *m*	Brot mit Butter
pan de molde *m*	Kastenbrot
pan negro *m*	Schwarzbrot
pan de payés *m*	Bauernbrot
pan quemado *m*	mit Zucker bestreute Hefebrötchen
pan rallado *m*	Paniermehl, Semmelbrösel
pan con tomate (y jamón) *m*	geröstete Weißbrotscheibe, mit Tomate eingerieben und mit Öl beträufelt, evtl. mit einer Scheibe Schinken belegt (Katalonien)
pan tostado *m*	Toast, Toastbrot
pan de Viena *m*	Milchbrot
panaché de fiambres *m*	Aufschnittplatte
panaché de pescados *m*	verschiedene Fische
panaché de verduras *m*	gemischte Gemüseplatte
panceta *w*	Bauchspeck vom Schwein
panecillo *m*	Brötchen, Semmel
panecillos de San Jorge *m pl*	überbackene Brötchen mit einer Füllung aus Spinat, Seehecht, harten Eiern und Tomaten (Katalonien)
panellets *m pl*	Art Marzipanküchlein mit Pinienkernen (in Katalonien zu Allerheiligen)
papada *w*	Wamme
papandúas *w pl*	in Öl ausgebackene Stockfisch-küchlein, Karwochengericht der Provinz Málaga

papas arrugadas *w pl*	Kartoffeln, in Meerwasser oder mit viel Salz so lange gekocht, bis die Schale runzlig wird (Kanarische Inseln)
papilla *w*	Brei
en papillote *m*	in der Folie oder in Wachspapier gegart
papillote de pescado *m*	in Folie gegarter Fisch
paraguaya *w*	Frucht, die aussieht wie ein plattgedrückter Pfirsich
pargo *m*	Meerbrasse, Sackbrasse (Fisch)
parrilla *w*	Grill, Rost; auch Restaurant mit Grillspezialitäten oder Grillroom eines Hotels
a la parrilla *w*	gegrillt, vom Rost
parrillada *w*	Grillgericht, Grillplatte
pasado	übergar; verdorben
pasas *w pl*	Rosinen
pasas de Corinto *w pl*	Korinthen
pasas sultanas *w pl*	Sultaninen
pasiego *m*	eine Art Biskuit
pasta *w*	Gebäckstück; Teig
pasta de freír, pasta de fritura *w*	Ausbackteig
pasta lionesa *w*	Brandteig
pasta quebrada *w*	Mürbeteig
pasta de sopa *w*	Suppennudeln
pastel *m*	Kuchen; Pastete
pastel cordobés *m*	Kürbispastete (Andalusien)
pastel de higos *m*	Feigenkuchen
pastel de hojaldre *m*	Blätterteigkuchen bzw. -pastete
pastel de Murcia, pastel murciano	Teigpastete mit einer Füllung aus Hackfleisch, Paprikawurst, Schinken, Lammhirn, Tomaten und Paprikaschoten
pastel vasco *m*	eine Art Cremetorte
pastelillos, pastelitos *m pl*	kleine Kuchen, Pastetchen
pastissets *m pl*	mit Kürbiskonfitüre gefüllte Teigtaschen (Katalonien)
pata *w*	Fuß, Keule
patatas *w pl*	Kartoffeln
patatas al ajoarriero *w pl*	Kartoffeln mit Stockfisch, Zwiebeln und Knoblauch

patatas a la andaluza *w pl*	gekochte Kartoffeln mit Mandel-Knoblauch-Petersilien-Sauce
patatas bravas *w pl*	Kartoffeln mit scharfer Mayonnaisensauce
patatas fritas *w pl*	Pommes frites
patatas fritas (a la inglesa) *w pl*	Kartoffelchips
patatas hervidas *w pl*	Salzkartoffeln
patatas hervidas con su piel *w pl*	Pellkartoffeln
patatas a la malagueña *w pl*	Gericht aus Kartoffeln, Zwiebeln, Sellerie, Tomaten, Knoblauch und Oliven, mit gehackten harten Eiern bestreut
patatas nuevas *w pl*	neue Kartoffeln
patatas a la riojana *w pl*	Kartoffeln mit Tomaten, Zwiebeln, roten Paprikaschoten und Paprikawurst langsam gegart
paté *m*	Pastete
paté de campaña *m*	Landleberpastete
pato *m*	Ente
pato silvestre *m*	Wildente
pavo *m*	Truthahn, Puter
pavo a la ostoriana	gefüllter und gespickter Truthahn (Kanarische Inseln)
pavo en pepitoria	Truthahnstücke in Mandel-Wein-Sauce
pavo relleno	gefüllter Truthahn
pavo relleno con castañas	Truthahn mit Kastanienfüllung
pavo relleno a la catalana	mit Bratwurst, Backpflaumen, Rosinen und Pinienkernen gefüllter Truthahn
pechuga *w*	Brustfleisch, Bruststück (vom Geflügel)
pechuga de pavo *w*	Truthahnbrust
pechuga de pollo *w*	Hähnchenbrust
peladillas *w pl*	Zuckermandeln
pelado	geschält, gepellt
pellizco *m*	Prise
pelotas *w pl*	Fleischbällchen in Brühe (Alicante)
pepinillos en vinagre *m pl*	Essiggurken

pepino *m*	Gurke
pepita *w*	(Obst-)Kern
pepito *m*	gefülltes Brötchen
pepitoria *w*	Sauce aus Zwiebeln, Knoblauch, Mandeln und Wein, mit Eigelb legiert
pequeño	klein
pera *w*	Birne
peras al vino *w pl*	in Rotwein gekochte Birnen
perca *w*	Barsch
percebes *m pl*	Entenmuscheln
perdices *w pl*, perdiz *w*	Rebhühner, Rebhuhn
perdices a la andaluza *w pl*	mit Speck und Anchovis gefüllte Rebhühner in Tomaten-Wein-Sauce
perdices a la asturiana *w pl*	in Apfelwein geschmorte Rebhühner mit Gemüse und Zwiebeln
perdices de capellán *w pl*	mit Schinken oder Speck und Paprikawurst gefüllte Kalbfleischröllchen, in Weinsauce geschmort (Mallorca)
perdices a la cartuja *w pl*	gefüllte Rebhühner in Weinsauce (Extremadura)
perdices a la cazadora *w pl*	mit Schinkenscheiben umwickelte, gebratene Rebhühner
perdices en escabeche *w pl*	kalte marinierte Rebhühner
perdices estofadas *w pl*	in würziger Weinsauce geschmorte Rebhühner
perdigón *m*	junges Rebhuhn
perejil *m*	Petersilie
pericana *w*	Stockfischpüree mit getrockneten Paprikaschoten, Knoblauch und Öl (Alicante)
perifollo *m*	Kerbel
perol *m*	Gericht aus Lammfleisch, Tomaten und Kartoffeln, im Ofen gegart (Menorca); Kasserolle
perrechico *m*	Speisepilz, sehr beliebt in der bask. Küche
perrito caliente *m*	heißes Würstchen, Hot Dog

Spanisch - Deutsch

perrunas *w pl*	typisches andalusisches Weihnachtsgebäck
perrunillas *w pl*	mit Zimt gewürztes Gebäck aus Schweineschmalz (Extremadura)
pescadilla *w*	junger Seehecht
pescaditos *o.* pescaítos fritos *m pl*	kleine frittierte Fische (Andalusien)
pescado *m*	Fisch
pescado de agua dulce *m*	Süßwasserfisch
pescado azul *m*	Bez. für »fette« Speisefische, z. B. Thunfisch, Sardine, Makrele, Lachs etc.
pescado blanco *m*	Bez. für weißfleischige Speisefische
pescado congelado *m*	tiefgefrorener Fisch
pescado en escabeche *m*	in Marinade eingelegter Fisch
pescado fresco *m*	frischer Fisch
pescado frito *m*	gebackener Fisch
pescado de mar *m*	Seefisch, Meeresfisch
pescado a la marinera *m*	mit Zwiebel, Wein, Kräutern und evtl. Muscheln zubereiteter Fisch
pescado de río *m*	Flussfisch
pestiños *m pl*	längliches Gebäck, in Öl ausgebacken und mit Honig getränkt (Andalusien)
pez espada *m*	Schwertfisch
pez de San Pedro *m*	Petersfisch, Heringskönig
picada *w*	Knoblauch, Petersilie, geröstete Mandeln oder Pinienkerne, im Mörser zerstoßen, als Saucengrundlage (Katalonien)
picadillo *m*	Haschee
picado	gehackt, klein geschnitten
picante	scharf, pikant
picardías *w pl*	Haselnüsse in Karamell (Murcia)
picatostes *m pl*	geröstete Brotstückchen oder -würfel
pichón *m*	junge Taube
pichones estofados *m pl*	geschmorte Täubchen
pichones al jerez *m pl*	Täubchen in Sherry (Andalusien)

pichones a la montañesa *m pl*	in Sherry gedünstete Täubchen, paniert und gebraten
picos *m pl*	kleine Brotstangen, die man zu Tapas isst (Andalusien)
picotas *w pl*	Herzkirschen (ohne Stiel)
piel *w*	Haut, Schale (von Obst)
pierna *w*	Keule, Haxe
pierna de cabrito *w*	Zickleinkeule
pierna de carnero *w*	Hammelkeule
pierna de cerdo *w*	Schweinshaxe
pierna de cordero *w*	Lammkeule
pierna de ternera *w*	Kalbshaxe
pieza *w*	Stück
pijama *m*	Nachspeise aus Pudding, Eis, Früchten und Sahne
pilotes a la menorquina *w pl*	Fleischbällchen mit Pinienkernen in Tomatensauce (Menorca)
al pil-pil	langsames Garen von Fisch in Öl und Knoblauch, wobei der Topf ständig gerüttelt wird (Baskenland)
pimentón *m*	Paprikapulver
pimentón dulce *m*	süßer Paprika
pimentón picante *m*	scharfer Paprika
pimienta *w*	Pfeffer
pimienta de Cayena *w*	Cayennepfeffer
pimienta de Jamaica *w*	Piment
pimienta verde *w*	grüner Pfeffer
pimientos *m pl*	Paprikaschoten
pimientos choriceros *m pl*	getrocknete Paprikaschoten
pimientos morrones *m pl*	große rote Paprikaschoten
pimientos de Padrón *m pl*	kleine, manchmal scharfe grüne Paprikaschoten
pimientos del piquillo *m pl*	kleine rote Paprikaschoten, meist aus der Konserve
pimientos rellenos *m pl*	gefüllte Paprikaschoten
pimientos rojos *m pl*	rote Paprikaschoten
pimientos verdes *m pl*	grüne Paprikaschoten
piña *w*	Ananas
piña en almíbar *w*	Ananas in Sirup (aus der Dose)
piña belén *w*	Ananas mit Kokoseis (Kanarische Inseln)
pinchitos *m pl*	Spießchen

pinchos *m pl*	kleine Spießchen oder Häppchen
pinchos morunos *m pl*	Fleischspießchen, Art Schaschlik
píngano *m*	eine Art Fladenbrot mit Öl und Walnüssen (Aragonien)
piñones *m pl*	Pinienkerne
pintada *w*	Perlhuhn
pipas (de girasol) *w pl*	geröstete Sonnenblumenkerne
pipirrana *w*	Salat aus Tomaten, grünen Paprikaschoten, Gurken und Zwiebeln (als Beilage zu kaltem Fisch oder Fleisch)
piscolabis *m*	kleiner Imbiss, Happen
pistachos *m pl*	Pistazien
pisto *m*	geschmorte Tomaten, Paprikaschoten und Zucchini
pisto albacetense *m*	geschmorte Tomaten, Paprikaschoten und Gurken
pisto a la bilbaína *m*	geschmorte Tomaten, Zucchini, Zwiebeln und evtl. Paprikaschoten mit Rührei
pisto castellano *m*	Rühreier mit Zucchini, roten Paprikaschoten, Zwiebeln, Tomaten, Kartoffeln und Schinken
pisto manchego *m*	geschmorte Tomaten, rote und grüne Paprikaschoten, Zucchini und Ei
pizzería *w*	Pizzeria
a la plancha *w*	auf einer heißen Metallplatte gebraten
plátano *m*	Banane
platija *w*	Flunder
platillo *m*	Untertasse
plato *m*	Teller; Gericht; Gang (einer Mahlzeit)
plato combinado *m*	gemischter Teller (meist Fleisch, Fisch oder Eier mit Beilagen)
plato del día *m*	Tagesgericht
plato de embutidos *m*	Wurstplatte
plato preparado *m*	Fertiggericht
plato principal *m*	Hauptgericht
plato rápido *m*	Schnellgericht
plato recomendado *m*	empfohlenes Gericht

plato de régimen *m*	Diätgericht
plato típico *m*	typisches Gericht
pochas *w pl*	junge Bohnenkerne
pochas con codornices *w pl*	junge Bohnenkerne mit Wachteln (Navarra)
pochas riojanas *w pl*	junge Bohnenkerne mit Paprikawurst
poco	wenig
poco hecho	wenig durchgebraten, rosa (Fleisch)
pollastre *(katal.) m*	Hähnchen
pollito tomatero *m*	junges Hähnchen
pollo *m*	Hähnchen
pollo al ajillo *m*	in Öl und Knoblauch gebratene Hähnchenstücke
pollo asado *m*	Brathähnchen
pollo campurriano *m*	Hähnchen mit Reis und Paprikaschoten (Santander)
pollo al chilindrón *m*	Hähnchen in Tomaten-Zwiebel-Paprika-Sauce
pollo con langosta *m*	Hähnchen mit Languste (Katalonien)
pollo a la manchega *m*	mit Oliven, Kohl und weißen Rüben geschmortes Hähnchen
pollo en pepitoria *m*	Hühnerfrikassee in Wein-Zwiebel-Mandel-Sauce
polvorones *m pl*	feines Staubgebäck aus der Provinz Sevilla
pomelo *m*	Grapefruit
por encargo *m*	auf Bestellung
por persona *w*	pro Person
por pieza *w*	pro Stück
porrón *m*	gläsernes Trinkgefäß mit langer Tülle, aus der man den Wein in den Mund fließen lässt
postre *m*	Nachtisch, Dessert, Nachspeise
postres caseros *m pl*	hausgemachte Nachspeisen
potaje *m*	dicke Suppe, Eintopf
potaje andaluz *m*	Reissuppe mit Tomaten, Zwiebeln und Knoblauch
potaje de lentejas a la granadina *m*	Linseneintopf mit Kürbis und scharfen Paprikaschoten

potaje madrileño *m*	Eintopf mit Kichererbsen, Stockfisch und Spinat
potaje murciano *m*	Eintopf mit Kichererbsen, weißen Bohnen, Spinat und Tomaten
potaje valenciano *m*	Eintopf mit Kichererbsen, Spinat, Zwiebeln und Weißwein
pote *m*	Eintopf
pote asturiano *m*	Eintopf aus weißen Bohnen, Gemüse, Kartoffeln, Speck und Würsten
pote gallego *m*	Eintopf aus weißen Bohnen, Kartoffeln, Paprikawurst, Schinken, Schweinsohren und -füßen und Rübenblättern (oder Kohl)
pote de habas *m*	Bohneneintopf (Menorca)
pote marinero *m*	Eintopf mit weißen Bohnen, Reis, Fisch und Krustentieren (Galicien)
pote de vigilia *m*	Eintopf mit Kastanien, Paprikaschoten und Schweinefleisch (Asturien)
preparado	zubereitet
primer plato *m*	erster Gang, Vorspeise
probar	probieren, kosten
profiteroles *m pl*	Windbeutel, mit Creme oder Sahne gefüllt
proteínas *w pl*	Proteine, Eiweißstoffe
puchero *m*	Eintopf
puchero canario *m*	Eintopf aus Kichererbsen, Fleisch, Speck, Wurst, Süßkartoffeln, Kürbis, Birnen, Yamswurzel und Kohl (Kanarische Inseln)
puerro *m*	Porree, Lauch
pularda *w*	Poularde
pulmón *m*	Lunge
pulpa *w*	Fruchtfleisch
pulpada *w*	mit Paprika gebratene Kraken (Galicien)
pulpitos *m pl*	kleine Kraken
pulpo *m*	Krake, Oktopus

pulpo al ajoarriero *m*	mit Öl und Knoblauch gebratener Krake
pulpo con cachelos *m*	Krake mit Kartoffeln (Galicien)
pulpo a feira *m*	gekochter Krake, mit Öl, Salz und Paprika gewürzt (Galicien)
en su punto	gar, genau richtig
puré *m*	Püree
puré de manzana *m*	Apfelmus
puré de patatas *m*	Kartoffelpüree, Kartoffelbrei
puré de tomate *m*	Tomatenmark
purrusalda *w*	Stockfisch mit Porree und Kartoffeln (Baskenland)
quemado	verbrannt
quesada *w*	Art Käsetorte (Kantabrien)
quesada de reina *w*	süße gebackene Quarkspeise (Galicien)
quesadilla *w*	Art Käsetörtchen (Kanarische Inseln)
queso *m*	Käse
queso ahumado *m*	geräucherter Käse
queso azul *m*	Blauschimmelkäse, Edelpilzkäse
queso blanco *m*	Weißkäse
queso blando *m*	Weichkäse
queso de cabra *m*	Ziegenkäse
queso fresco *m*	Frischkäse
queso fundido *m*	Schmelzkäse
queso de hierbas *m*	Kräuterkäse
queso de Holanda *m*	holländischer Käse
queso de oveja *m*	Schafskäse
queso parmesano *m*	Parmesan (Käse)
queso rallado *m*	Reibkäse
queso suizo *m*	Schweizer Käse
queso para untar *m*	Streichkäse
queso de vaca *m*	Kuhmilchkäse
quinto *m*	kleine Flasche Bier
quisquillas *w pl*	Sandgarnelen
rabas *w pl*	gebratene Tintenfischstücke (Santander)
rabanito *m*	Radieschen
rábano *m*	Rettich
rábano picante *m*	Meerrettich
rabo *m*	Schwanz

rabo de buey *m*	Ochsenschwanz
racimo *m*	Traube, Büschel
ración *w*	Portion
ragú *m*	Ragout
raja *w*	Scheibe
rallado	gerieben
ralladura de limón *w*	abgeriebene Zitronenschale
rana *w*	Frosch
rancho canario *m*	Suppe aus Kichererbsen, Nudeln, Schweinefleisch und Paprikawurst (Kanarische Inseln)
rape *m*	Seeteufel (Fisch)
rape a l'all cremat *m*	Seeteufel mit scharf angebratenem Knoblauch (Katalonien)
rape al azafrán *m*	Seeteufel mit Safransauce
rape con bugre *m*	Seeteufel mit Hummer (Asturien)
rape a la Costa Brava *m*	Seeteufel mit Erbsen, roten Paprikaschoten, Muscheln und Weißwein
rape a la malagueña *m*	gebratene Seeteufelscheiben mit Tomaten-Zwiebel-Mandel-Sauce
rape al salsa de erizos *m*	Seeteufel an Seeigelsauce
rascacio *m, katal.* rascassa *w*	Drachenkopf (ein Mittelmeerfisch)
raspa *w*	Mittelgräte (Fisch)
ravioles *m pl*	Ravioli
raya *w*	Rochen
raya a la mantequilla negra *w*	Rochen in brauner Butter
raya en pimentón *w*	Rochen in Paprikasauce
rebanada *w*	Scheibe, Schnitte
rebanada de pan *w*	Brotscheibe
rebozado	paniert, oder nur in Ei und Mehl gewälzt
rebozo *m*	Panade
rebozuelo *m*	Pfifferling
recado de patatas *m*	gebackene Kartoffeln in Sauce, als Beilage zu Stockfisch (Extremadura)
recalentar	aufwärmen
receta *w*	Rezept

recuit *m*	Art Dickmilch aus Schafs- und / oder Ziegenmilch (Katalonien)
redondo de ternera *m*	Kalbsbraten aus der Rose
refresco *m*	Erfrischungsgetränk
regañaos *m pl*	eine Art Kuchen mit eingebackenen Sardinen und Streifen von roter Paprikaschote (Aragón)
régimen *m*	Diät
rehogado	gedünstet
reineta *w*	Renette (Apfelsorte)
relleno	gefüllt; Füllung
remojón (de bacalao) *w*	Stockfischsalat mit Orangen, Oliven und harten Eiern (Granada)
rémol *m*	Glattbutt
remolacha *w*	Rote Bete, Rote Rübe
reo *m*	Meerforelle
repollo *m*	Weißkohl
repostería *w*	Konditoreiwaren
requesón *m*	Frischkäse, Quark
reserva de mesa *w*	Tischbestellung
reservado	reserviert
resopón *m*	spät nachts eingenommene Mahlzeit oder Imbiss
revoltillo *m*	Rühreier mit verschiedenen Zutaten
revuelto *m*	Rühreier oder Omelett mit verschiedenen Zutaten
revuelto de ajos	Rühreier mit zarten jungen Knoblauchtrieben
revuelto de espárragos trigueros *m*	Rühreier mit wildem Spargel
revuelto de gambas *m*	Rührei mit Garnelen
revuelto de hongos *o.* setas *m*	Rührei mit Pilzen
riñonada *w*	Nierenbraten
riñones *m pl*	Nieren
ristra *w*	Strang, Zopf (z. B. von Knoblauch)
rovellón *m*	Echter Reizker (Pilz)
rodaballo *m*	Steinbutt
rodaja *w*	Scheibe (Wurst etc.)
rollitos de lenguado *m pl*	Seezungenröllchen
rollo *m*	Rolle, Roulade

rollo de primavera *m*	Frühlingsrolle
rollos baleares *m pl*	mit Speck und *sobrasada* (Paprikawurst) gefüllte Rindsrouladen
a la romana	Zubereitungsart, meist von Fisch und Meeresfrüchten, die in Ei und Mehl gewälzt und in schwimmendem Fett ausgebacken werden
romero *m*	Rosmarin
romesco, romescu *w*	pikante Sauce in Katalonien aus Tomaten, Knoblauch, gerösteten Mandeln, kleinen getrockneten Pfefferschoten *(noras)*, Öl und Essig
ropa vieja *w*	Fleischreste mit Kartoffeln oder Gemüse in Zwiebel-Wein-Sauce
rosbif *m*	Roastbeef
rosca *w*	kranzförmiges Gebäck
roscas leonesas *w pl*	mit Baisermasse überzogenes kranzförmiges Gebäck
roscón *m*	Kranzkuchen
roscón de Reyes *m*	Kranzkuchen zum Dreikönigstag (mit eingebackener Überraschung, z. B. einem Figürchen und einer Bohne)
roscos *m pl*	mit Anis und Zimt gewürztes Kranzgebäck
roscos de vino *m pl*	Weinkränzchen
rosquillas *w pl*	kranzförmiges Gebäck
rubio *m*	Roter oder Gestreifter Knurrhahn (Fisch)
ruibarbo *m*	Rhabarber
sábalo *m*	Maifisch, Alse
sabayón *m*	Schaumcreme aus Eiern, Zucker und Wein oder Likör
sabor *m*	Geschmack
sabroso	schmackhaft
sacacorchos *m*	Korkenzieher
sagú *m*	Sago
sal *w*	Salz

a la sal *w*	in dicker Salzkruste gegart (vor allem große Fische wie Wolfsbarsch oder Goldbrasse)
sal marina *w*	Meersalz
salado	salzig, gesalzen
salazones *m pl*	Pökelfleisch, gesalzene Fische
salchicha *w*	Würstchen
salchicha de Frankfurt *w*	Frankfurter Würstchen
salchichón *m*	salamiartige Hartwurst
salero *m*	Salzstreuer
salmón *m*	Lachs
salmón ahumado *m*	Räucherlachs
salmonete *m*	Rotbarbe, Meerbarbe
salmonetes de roca *m pl*	Streifenbarben
salmorejo cordobés *m*	Variante des *gazpacho* aus Tomaten, Knoblauch, Brotkrume, Öl und Essig
salmuera *w*	Salzlake
salpicón *m*	mit Öl, Zwiebel und Essig angemachter Salat aus Fleisch, Fisch oder Meeresfrüchten
salpicón de mariscos *m*	Meeresfrüchtesalat
salpimentar	mit Salz und Pfeffer würzen
salsa *w*	Sauce
en su salsa *w*	im eigenen Saft
salseado	mit Sauce
salsifí *m*	Schwarzwurzel
salteado	in der Pfanne gebraten
salteado de hongos *m*	gebratene Pilze
salvado *m*	Kleie
salvia *w*	Salbei
sama *w*	typischer Fisch der Kanarischen Inseln
samfaina *w*	geschmorte Tomaten, Paprikaschoten, Auberginen, Zucchini und Zwiebeln (Katalonien)
sancocho canario *m*	mit Kartoffeln und Süßkartoffeln gekochter Fisch (frisch oder gesalzen), dazu eine scharfe Sauce *(s. mojo)*, typisches Gericht der Kanarischen Inseln
sandía *w*	Wassermelone
sandwich *m*	Sandwich

sangre *w*	Blut
San Pedro *m*	Petersfisch, Heringskönig
santiaguiño *m*	langustenähnliches Krustentier, Bärenkrebs (Galicien)
sardinas *w pl*	Sardinen
sardinas en aceite *w pl*	Ölsardinen
sardinas con cachelos *w pl*	Sardinen mit Kartoffeln (Galicien)
sardinas en cazuela *w pl*	Sardinen mit Zwiebeln, Tomaten, grünen Paprikaschoten, Knoblauch und Petersilie
sardinas en conserva *o.* lata *w pl*	Büchsensardinen
sardinas en escabeche *w pl*	marinierte Sardinen
sardinas fritas *w pl*	frittierte Sardinen
sardinas a la santanderina *w pl*	gebratene Sardinen, mit Knoblauchöl übergossen
sargo *m*	Große Geißbrasse (Fisch)
savarin *m*	mit Rum oder Likör getränkter Hefekranzkuchen
sazonar	würzen
seco	trocken
semiseco	halbtrocken
segundo plato *m*	zweiter Gang
sémola *w*	Grieß
sémola de trigo duro *w*	Hartweizengrieß
sepia *w*	Tintenfisch
sepia a la plancha *w*	auf der heißen Platte gebratener Tintenfisch, mit einer Sauce aus Petersilie, Knoblauch und Olivenöl übergossen
sequillos *m pl*	Buttergebäck
serrano *m*	Schriftbarsch (Fisch)
servilleta *w*	Serviette
sésamo *m*	Sesam
sesada *w*	gebackenes Hirn
sesos *m pl*	Hirn
sesos en caldereta *m pl*	Hirn, in Speckscheiben gehüllt und mit Champignons in Wein geschmort

sesos huecos *m pl*	Art kleine Krapfen, mit Hirn gefüllt und in schwimmendem Öl gebraten
setas *w pl*	Pilze
setas al ajillo *w pl*	mit Knoblauch in Öl gebratene Pilze
seta de cardo *w*	Kräuterseitling
seta de carrerilla, seta de San Jorge *w*	Maipilz
setas a la casera *w pl*	mit Knoblauch und Petersilie gedünstete Pilze (Baskenland)
setas a la Navarra *w pl*	gedünstete Pilze mit Mandelsauce
setas a la riojana *w pl*	in Weinsauce gedünstete Pilze
Sierra Nevada *w*	Nachspeise aus Eiscreme und Baiser
silla *w*	Rücken, Sattel
silla de conejo relleno *w*	gefüllter Kaninchenrücken
silla de cordero *w*	Lammrücken, Lammsattel
simi-tomba *w*	Gericht aus Fisch und Kartoffeln mit Knoblauchmayonnaise (Costa Brava)
sin alcohol *m*	alkoholfrei
sin gas *m*	ohne Kohlensäure (Mineralwasser)
sin sal *w*	salzlos
sobaos pasiegos *m pl*	Art Biskuitgebäck (Kantabrien)
sobrasada *w*	streichfähige feine Paprikawurst (Mallorca)
sofrito *m*	dicke Sauce aus gebratenen Tomaten, Zwiebeln und Knoblauch
soja *w*	Soja
soja germinada *w*	Sojakeime
soldaditos de Pavía *m pl*	Stockfischstreifen, in Mehl und Ei oder in Ausbackteig gewälzt und in Öl knusprig gebraten (Andalusien, Kastilien)
soletillas *w pl*	Löffelbiskuits
solla *w*	Scholle, Goldbutt
solleta *w*	einflossige Scholle
solomillo *m*	Filet
solomillo de buey *m*	Ochsenfilet

solomillo de cerdo *m*	Schweinefilet, Schweinelende
solomillo de cordero *m*	Lammfilet
solomillo a la pimienta verde *m*	Filetsteak mit grünem Pfeffer
solomillo de ternera *m*	Kalbsfilet
solomillo de vaca *m*	Rinderfilet
sopa *w*	Suppe
sopa de ajo *w*	Knoblauchsuppe
sopa de almendras *w*	Mandelsuppe
sopa andaluza *w*	Gemüsesuppe
sopa aragonesa *w*	mit geröstetem Brot und Käse überbackene Suppe mit Leber
sopa de arroz tostado *w*	Suppe mit geröstetem Reis (Levante)
sopa de fideos *w*	Nudelsuppe
sopa a la malagueña *w*	Muschelsuppe mit Brot, Zwiebeln und Tomate
sopa mallorquína *w*	dicke Suppe aus Graubrot, Tomaten, Kohl, Zwiebeln und Knoblauch
sopa de mariscos *w*	Suppe aus Meeresfrüchten
sopa de nueces *w*	Walnusssuppe (Galicien)
sopa Parmentier *w*	Kartoffelsuppe
sopa de pescado *w*	Fischsuppe
sopa de pimentón *w*	scharfe Paprikasuppe (Almería)
sopa de puerros *w*	Lauchsuppe
sopa de rabo de buey *w*	Ochsenschwanzsuppe
sopa de vigilia a la catalana *w*	Suppe mit Meeraal, weißen Bohnen, Reis, Nudeln und Mangold
sopas *w pl*	Brotscheiben oder -stücke, die in die Suppe getaucht oder gelegt werden
sopas de ajo andaluzas *w pl*	Art Brotsuppe mit Knoblauch
soplillos de Segovia *m pl*	feines Schaumgebäck mit Zimt, Anis und Branntwein
sorbete *m*	Sorbet (Fruchtsaft-Wasser-Eis)
sorbete de limón	Zitronensorbet
sorbete de melón	Melonensorbet
sorda *w*	Waldschnepfe
sorropotún *m*	Gericht aus Thunfisch, Kartoffeln, Tomaten und Zwiebeln,

	kantabrische Variante des bask. *marmitako*
soufflé *m*	Soufflé (leichter Auflauf mit Eischnee)
soufflé helado *m*	Eiscreme-Auflauf
soufflé de queso *m*	Käsesouffle
suculento	saftig
supremas *w pl*	Bruststück vom Geflügel oder feine Fischfilets
suquet de peix *m*	Fischtopf (Katalonien, Valencia)
surtido *m*	Auswahl
surtido de ahumados *m*	gemischte Räucherplatte
surtido de embutidos, fiambres *m*	Aufschnittplatte
surtido de tapas *m*	Auswahl an Tapas (kleine Vorspeisen)
suspiros *m pl*	feines Mandelgebäck
suspiros de monja *m pl*	Art Brandteigkrapfen, in Öl ausgebacken
tabla de matanza de cerdo *w*	Schlachtplatte
tabla de quesos *w*	Käseplatte
tacos de jamón *m pl*	kleine Schinkenwürfel (zum Aperitif)
tacos de queso *m pl*	kleine Käsewürfel (zum Aperitif)
tagarnina *w*	Golddistel (als Gemüse gegessen)
tajada *w*	Scheibe, Schnitte
tallarines *m pl*	Bandnudeln
tamaño	Größe, Format
tapas *w pl*	kleine pikante Vorspeisen oder Appetithappen
tapón *m*	Korken, Pfropfen
tarro *m*	Einmachtopf
tarta *w*	Torte
tarta de almendras *w*	Mandeltorte
tarta de cebolla *w*	Zwiebelkuchen
tarta de chocolate *w*	Schokoladentorte
tarta del convento *w*	Blätterteig-Baiser-Torte
tarta helada *w*	Eistorte
tarta de limón *w*	Zitronentorte
tarta de manzana *w*	Apfeltorte
tarta de nueces *w*	Walnusstorte

tarta nupcial *w*	Hochzeitstorte
tarta de queso *w*	Käsetorte
tarta del Sacromonte *w*	Torte aus Eiern, Zucker, geröstetem Brot und Zimt (Andalusien)
tarta de Santiago *w*	Mandeltorte (Galicien)
tarta de sardinas *w*	Sardinentorte (Balearen)
tarta tatín *w*	gestürzte Torte
tarta al whisky *w*	Whiskytorte
tartaleta *w*	Törtchen
té *m*	Tee, Schwarztee
té verde *m*	grüner Tee
a la teja *w*	auf heißem Dachziegel gebraten
tejas (de almendras) *w pl*	feines Butter-Mandel-Gebäck
templado	lauwarm
temporada *w*	Jahreszeit, Saison
tenca *w*	Schleie
tenedor *m*	Gabel
tentempié *m*	Imbiss
teresitas *w pl*	mit Creme gefüllte, in Öl ausgebackene kleine Kuchen
ternasco *m*	Milchlamm
ternasco al horno de leña *m*	im Holzofen gebratenes Milchlamm
ternera *w*	Kalb, Kalbfleisch
ternera asada *w*	Kalbsbraten
ternera al chilindrón *w*	Kalbfleisch in dicker Tomaten-Paprika-Sauce
ternera a la cordobesa *w*	Kalbsbraten mit Artischocken
ternera guisada *w*	geschmortes Kalbfleisch mit Gemüse und Kartoffeln
ternera al modo de Aranjuez *w*	Kalbsbraten mit Spargel
ternera a la montañesa *w*	Kalbfleisch in Zwiebel-Wein-Sauce (Kantabrien)
terrina *w*	Terrine (Pastete ohne Teig)
terrina de becada trufada *w*	getrüffelte Schnepfenterrine
terrina de hígado de oca	Gänseleberterrine
terrina de hígado de pato *w*	Entenleberterrine
terrina de perdiz *w*	Rebhuhnterrine
terrón de azúcar *m*	Stück Zucker

tibio	lauwarm
tierno	zart (auch Fleisch)
timbal *m*	Art Pastete oder Auflauf
timbal de patatas *m*	Kartoffelauflauf
tirabeques *m pl*	Zuckererbsen, Kaiserschoten
tiritas *w pl*	feine Streifen (von Schinken, Paprikaschoten etc.)
tiznao *m*	Stockfischragout mit Paprikaschoten, Tomaten, Zwiebeln und Knoblauch in der Tonschale zubereitet (La Mancha)
tocino *m*	Speck
tocino de cielo *m*	Süßspeise aus Zuckersirup und Eigelb, im Wasserbad gestockt
tocino entreverado *m*	durchwachsener Speck
tomate *m*	Tomate
tomates al estilo de Almansa *m pl*	gefüllte Tomaten in Brühe (La Mancha)
tomates al estilo de las Palmas *m pl*	Tomaten mit Huhn-Schinken-Füllung
tomates canarios *m pl*	kanarische Tomaten
tomates en rama *m pl*	Strauchtomaten
tomates ensalada *m pl*	Salattomaten
tomates Raf *m pl*	spezielle Tomatenzüchtung aus Almería (Andalusien), kommt im Winter auf den Markt
tomates rellenos *m pl*	gefüllte Tomaten
tomillo *m*	Thymian
toña murciana *w*	Hefeteiggebäck mit Honig, Walnüssen und Pinienkernen
toro *m*	Stier
tordo *m*	Drossel
toronja *w*	Bitterorange
toronjil *m*	Melisse
torrefacto	geröstet (Kaffee)
torreznos *m pl*	gebratene Speckscheiben
torrijas *w pl*	Arme Ritter
torta *w*	Fladen, Kuchen
torta de aceite *w*	mit Anis und Sesam gewürzte kleine runde Fladen (Andalusien)
torta de Ceceño *w*	ungesäuertes Fladenbrot
torta de chicharrones *w*	Kuchen mit Speckgrieben

torta de hornazos *w*	kleine Kuchen mit harten Eiern
torta de plátanos *w*	Bananentorte mit Honig (Kanarische Inseln)
torta de Reyes *m*	Dreikönigskuchen (mit eingebackener Überraschung)
torteles de Mallorca *m pl*	Marzipankränze
tortilla *w*	Omelett
tortilla de ajetes *o.* ajos tiernos *w*	Omelett mit jungen Knoblauchtrieben
tortilla de angulas *w*	Omelett mit Glasaalen (Asturien)
tortilla balear *w*	Omelett mit frischen Sardinen
tortilla a la barcelonesa *w*	Omelett mit Hühnerleber und Schinken
tortilla canaria *w*	Omelett mit Tomaten und Zwiebeln
tortilla catalana *w*	Omelett mit weißen Bohnen und Bratwurst
tortilla cazadora *w*	Jägeromelett mit Leber, Nieren und Pilzen
tortilla de champiñones *w*	Champignonomelett
tortilla de chorizo *w*	Omelett mit Paprikawurst
tortilla española *w*	Kartoffelomelett
tortilla de espárragos *w*	Spargelomelett
tortilla de espinacas *w*	Spinatomelett
tortilla al estilo de Badajoz *w*	Omelett mit Würstchen und scharfen Pfefferschoten
tortilla finas hierbas *w*	Kräuteromelett
tortilla (a la) francesa *w*	Omelett natur (nur mit Eiern)
tortilla de gambas *w*	Omelett mit Garnelen
tortilla de jamón *w*	Schinkenomelett
tortilla de mariscos *w*	Omelett mit Meeresfrüchten
tortilla de queso *w*	Käseomelett
tortilla soufflé *w*	Schaumomelett
tortuga *w*	Schildkröte
tostada *w*	Scheibe Toast
tostada con mantequilla *w*	Toast mit Butter
tostado	geröstet, getoastet
tostón *m*	gebratenes Spanferkel
tournedó *m*	Tournedo (dicke Rinderfiletscheibe)
tournedó Rossini *m*	Rinderfiletscheibe mit Gänseleber und Trüffeln in Madeirasauce

trago *m*	Schluck; Drink
trenza *w*	Zopf (Brot oder Kuchen)
trigo *m*	Weizen
trigo a la cortijera *m*	Eintopf aus weißen Bohnen, Weizen, Kartoffeln, Fleisch, Speck und Würsten (Andalusien)
trigo sarraceno *m*	Buchweizen
trinchar	tranchieren
trinxat *m*	Gericht aus Kartoffeln, Kohl und Speckscheiben (Katalonien)
triturado	zerkleinert
troceado	in Stücke geschnitten
trompetilla de los muertos *w*	Totentrompete (ein Würzpilz)
troncho *m*	Strunk
tronco de merluza *m*	Mittelstück vom Seehecht
tronco de Navidad *m*	baumstammähnlicher Weihnachtskuchen
tronco de rape *m*	Mittelstück vom Seeteufel
tropezones *m pl*	Schinken- oder Wurststückchen für Suppe oder Gemüse
trozo *m*	Stück
trucha *w*	Forelle
trucha ahumada *w*	geräucherte Forelle
trucha a la almendra *w*	Forelle mit Mandeln gebraten
trucha arco iris *w*	Regenbogenforelle
trucha asalmonada *w*	Lachsforelle
trucha escabechada *w*	marinierte Forelle
trucha al estilo asturiano *w*	in Räucherspeck gebratene Forelle
trucha a la llosa *w*	auf glühender Schieferplatte gebratene Forelle (Katalonien)
trucha de mar, trucha marina *w*	Meerforelle
trucha a la Navarra *w*	mit Schinken gefüllte, gebratene Forelle
trucha de río *w*	Bachforelle
trucha de vivero *w*	Zuchtforelle
trufado	getrüffelt
trufas *w pl*	Trüffeln
trufas blancas *w pl*	weiße Trüffeln
trufas de chocolate *w pl*	Schokoladentrüffeln
trufas negras *w pl*	schwarze Trüffeln

tuétano *m*	(Knochen-)Mark
tumbet *m*	Art Auflauf aus Auberginen und Kartoffeln mit einer Sauce aus Tomaten und Paprikaschoten (Balearen)
turrón *m*	Süßigkeit zu Weihnachten
turrón de Alicante *m*	harter *turrón* aus ganzen Mandeln und Honig
turrón de chocolate *m*	Schokoladenturrón
turrón de guirlache *m*	*turrón* aus Mandeln und karamellisiertem Zucker
turrón de Jijona *m*	weicher *turrón* aus gemahlenen Mandeln und Honig
unidad *w*	ein Stück
untada	mit Butter, Honig etc. bestrichenes Brot
untar	bestreichen
urogallo *m*	Auerhahn
urta *w*	andalusischer Name für Zahnbrasse
urta a la roteila *w*	Zahnbrasse in Tomaten-Paprika-Wein-Sauce (Spezialität aus Rota, Provinz Cádiz)
uva *w*	Weintraube
uvas blancas *w pl*	grüne bzw. helle Trauben
uvas crespas *o.* espina *w pl*	Stachelbeeren
uvas de mesa *w pl*	Tafeltrauben
uvas moscatel *w pl*	Muskatellertrauben
uvas negras *w pl*	blaue Trauben
uvas sin semilla *w pl*	kernlose Trauben
uvas de la suerte *w pl*	»Glückstrauben« (12 Trauben, die man zu Silvester um Mitternacht isst, eine bei jedem Glockenschlag)
vaca *w*	Kuh, Rind(fleisch)
vaina *w*	Hülse, Schote; regional: grüne Bohne
vainas a la bilbaína *w pl*	grüne Bohnen mit Kartoffeln und Tomatensauce
vainilla *w*	Vanille
al vapor *m*	gedämpft, im Dampf gegart
variado	verschieden, gemischt
vaso *m*	Glas

un vaso de agua *m*	ein Glas Wasser
un vaso de vino *m*	ein Glas Wein
vegetal	pflanzlich
vegetariano	vegetarisch
venado *m*	Hirsch
ventresca, ventrecha (de bonito) *w*	Bauchfleisch des Thunfischs
verdel *m*	bask. Name für Makrele
verderol *(katal.) m*	Grünling (Pilz)
verdura(s) *w pl*	Gemüse
verduras de temporada *w pl*	Gemüse der Saison
vichyssoise *w*	kalte Kartoffel-Lauch-Cremesuppe
vieiras *w pl*	Jakobsmuscheln, Pilgermuscheln (Galicien)
vieiras a la gallega *w pl*	mit Knoblauch und Zwiebel überbackene Jakobsmuscheln
vieiras al horno *w pl*	überbackene Jakobsmuscheln
vieja *w*	Schleimfisch (typisch auf den Kanarischen Inseln)
vientre de cerdo *m*	Schweinebauch
villagodio *m*	riesiges Rinder- oder Ochsenkotelett, auf dem Holzkohlengrill gebraten (Baskenland)
vinagre *m*	Essig
vinagre de cava *m*	Essig auf Sekt-Basis (Cava)
vinagre al estragón *m*	Estragonessig
vinagre de jerez *m*	Sherryessig
vinagre de manzana *m*	Apfelessig
vinagre de vino *m*	Weinessig
vinagreras *w pl*	Öl-und-Essig-Ständer, Menage
vinagreta *w*	Vinaigrette
vino blanco *m*	Weißwein
vino de la casa *m*	Hauswein, meist günstiger
vino a granel *m*	offener Wein
vino rosado *m*	Roséwein
vino tinto *m*	Rotwein
virutas de jamón serrano *w pl*	»Späne« von rohem Schinken (ganz fein geschnittene Scheibchen)
vol-au-vent *o.* volován *m*	Blätterteigpastete
a voluntad *w*	nach Belieben, so viel man mag

xató *m*	Salat aus Stockfisch, Thunfisch, Sardellen, Oliven und Endivie mit Romesco-Sauce (Katalonien)
xolís *m*	Hartwurst aus dem katal. Lérida
xoubas *w pl*	galicischer Name für Sardellen
xuxo *(katal.) m*	mit Creme gefülltes Ölgebäck
yema (de huevo) *w*	Eigelb, Eidotter
yemas *w pl*	Konfekt aus Eigelb und Zucker
yemas de San Leandro *w pl*	Eigelbkonfekt, mit Sirup überzogen (Andalusien)
yemas de Santa Ursula *w pl*	Konfekt aus Eidottern (Jaén)
yemas de Santa Teresa *w pl*	kandierte Eidotter (Ávila)
yogur *m*	Joghurt
zamburiña *w*	bunte Kammmuschel (der Pilgermuschel ähnlich, auch wie diese zubereitet)
zanahorias *w pl*	Möhren, Karotten
zancarrón *m*	Kalbsschulter
zarajo *m*	Wurst aus Lamminnereien (Provinz Cuenca)
zarangallo *m*	geschmorte Zucchini und Zwiebeln (Murcia)
zarzamoras *w pl*	Brombeeren
zarzuela *w*	Gericht aus verschiedenen Fischen und/oder Meeresfrüchten, mit Zwiebeln, Knoblauch, Tomaten und Petersilie in Öl geschmort
zoque *m*	Variante des *gazpacho* mit Tomaten, Knoblauch, grünen Paprikaschoten, Brot, Öl und Essig (Andalusien)
zumo *m*	Saft
zurito *m*	ein Schluck Bier im kleinen Glas (Baskenland)

Aal	anguila *m*
Abendessen	cena *w*
abkühlen	refrescar
Adlerfisch	corvina *w*
Ahornsirup	sirope de arce *m*
Alge	alga *w*
alkoholfrei	sin alcohol *m*
alt	viejo
Alufolie	papel de aluminio *m*
Ananas	piña *w*
Anchovis	anchoa *w*
Anis, Anislikör, Anisschnaps	anís *m*
Aperitif	aperitivo *m*
Apfel	manzana *w*
Apfelkuchen	tarta de manzana *w*, pastel de manzana *m*
Apfelmus	compota de manzana *w*
Apfelsaft	zumo de manzana *m*
Apfelwein	sidra *w*
Aprikose	albaricoque *m*
aromatisch	aromático
Artischocke	alcachofa *w*
Aschenbecher	cenicero *m*
Aubergine	berenjena *w*
Aufguss(getränk)	infusión *w*
Aufgussbeutel	bolsita de té *w*
Auflauf	soufflé, suflé *m*
Aufschnitt	fiambres, embutidos *m pl*
aufwärmen	recalentar
ausgezeichnet	excelente
Austern	ostras *w pl*
Austernpilz	seta de cardo *w*
Auswahl	surtido *m*
Avocado	aguacate *m*
Bachforelle	trucha de río *w*

backen	cocer, hornear
Backofen	horno *m*
Backpflaume	ciruela pasa *w*
Backpulver	levadura en polvo *w*
Backwerk	pastelería *w*
Baiser	merengue *m*
Ballaststoffe	fibra *w*
Balsamessig	vinagre de Modena *m*
Bambussprossen	brotes de bambú *m pl*
Banane	plátano *m*
Bandnudeln	tallarines *m pl*, cintas *w pl*
Bankett	banquete *m*
Basilikum	albahaca *w*
Bauch	vientre *m*
Béchamelsauce	(salsa) bechamel *w*
Becher	vaso *m*
Beefsteak	bistec *m*
Beilage	guarnición *w*
Beize	adobo, escabeche *m*
belegtes Brot	sandwich, canapé *m*
besetzt	ocupado
Besteck	cubierto *m*
bestellen	pedir, encargar
Bestellung	encargo *m*
auf Bestellung	por encargo *m*
Bier	cerveza *w*
Bier, dunkles	cerveza negra *w*
Bier, kleine Flasche	quinto *m*
Bier, kleines Glas, gezapft	caña *w*
billig	barato
biologisch	biológico
Birne	pera *w*
Birnenkompott	compota de peras *w*
Biskuit(kuchen)	bizcocho *m*
bitte	por favor
bitter	amargo
Bittermandel	almendra amarga *w*
Bitterorange	naranja amarga *w*
Blatt	hoja *w*
Blätterteig	hojaldre *m*
Blaubeere	arándano *m*
Blauschimmelkäse	queso azul *m*

Blumenkohl	coliflor *w*
Blut	sangre *w*
Blutorange	(naranja) sanguina *w*
Blutwurst	morcilla *w*
Bohnen	judías, alubias *w pl*
Bohnen, dicke	habas *w pl*
Bohnen, grüne	judías verdes *w pl*
Bohnen, rote	alubias rojas *w pl*
Bohnen, weiße	alubias, judías blancas *w pl*
Bohnenkraut	ajedrea *w*
Bonbons	caramelos *m pl*
Borretsch	borraja *w*
Bouillon	caldo *m*
Branntwein	aguardiente *m*
Bratapfel	manzana asada *w*
braten	asar, freír
Braten	asado *m*
Brathähnchen	pollo asado *m*
Bratkartoffeln	patatas salteadas *w pl*
Bratpfanne	sartén *m*
Bratspieß	asador *m*, brocheta *w*, espeto *m*
Bratwurst	salchicha para freír
Brei	papilla *w*
Brezel	rosquilla, rosca *w*
Bries	mollejas *w pl*
Brokkoli	brócoli, brécol *m*
Brombeere	mora *w*
Brot	pan *m*
Brötchen	panecillo *m*
Brötchen, belegtes	bocadillo *m*
Brotkorb	cesta de pan *w*
Brotkrume	miga *w*
Brühe	caldo *m*
Brühwürfel	cubito de caldo *m*
Brunnenkresse	berro (de agua) *m*
Brustfleisch, Bruststück	pechuga *w*
Buchweizen	alforfón, trigo sarraceno *m*
Bund	manojo *m*
Butter	mantequilla *w*
Café	café *m*
Cashewnuss	anacardo *m*
Cayennepfeffer	pimienta de Cayena *w*

Champagner	champán *m*
Champignons	champiñones *m pl*
Chicorée	endibia *w*
Cocktail	cóctel, combinado *m*
Cognac	coñac *m*
Creme	crema *w*
Crème fraîche	crema de leche *w*
Crêpe	crep *m*
Cuba libre	cubata *w*
Curry	curry *m*
Dampfkartoffeln	patatas al vapor *w pl*
danach	después
Dattel	dátil *m*
Dessert	postre *m*
Diabetiker	diabético *m*
Diät	dieta *w*, régimen *m*
diätetisch	dietético
Diätkost	alimentos dietéticos *m pl*
Diätmenü	menú dietético
Dickmilch	cuajada *w*
Dill	eneldo *m*
Dörrfleisch	cecina *w*
Dörrobst	fruta pasa *w*
Dorsch	bacalao (fresco) *m*
Dose	lata *w*
Dosenbier	cerveza de lata *w*
Dosenöffner	abrelatas *m*
Duft	aroma, olor *m*
dünn	delgado, fino; *Kaffee:* flojo
dünsten	rehogar
durchgebraten	bien hecho
Durst	sed *w*
Durst haben	tener sed *w*
Dutzend	docena *w*
Edamer	queso de bola *m*
Edelpilzkäse	queso azul *m*
Ei	huevo *m*
Ei, hartgekochtes	huevo duro *m*
Ei, rohes	huevo crudo *m*
Ei, verlorenes	huevo escalfado *m*
Eichenfass	barrica de roble *w*
Eigelb	yema de huevo *w*

einfach	sencillo
einfrieren	congelar
einkaufen	comprar, ir de compras
Einkaufstasche	bolsa de la compra *w*
Einkaufswagen	carrito *m*
Eintopf(gericht)	puchero, cocido *m*
Eis	helado *m*
Eis, am Stiel	polo *m*
Eis, gemischtes	helado variado *m*
Eisbecher	copa de helado *w*
Eisbein	codillo (hervido) *m*
Eisbergsalat	lechuga iceberg *w*
Eiskaffee	blanco y negro *m*
Eistorte	tarta helada *w*
Eiswürfel	cubitos de hielo *m pl*
Eiweiß	clara de huevo *w*
empfehlen	recomendar
Endivie(nsalat)	escarola *w*
Ente	pato *m*
Entenbrust	magret de pato *m*
Entenleber	hígado de pato *m*
entkorken	descorchar
Entrecote	entrecot(e) *m*
Erbsen	guisantes *m pl*
Erdbeeren	fresas *w pl*, fresones *m pl*
Erdbeereis	helado de fresas *m*
Erdbeermarmelade	mermelada de fresa *w*
Erdmandel	chufa *w*
Erdnuss	cacahuete *m*
Erfrischung	refresco *m*
Erntejahr	añada, *(meist beim Wein) w*
essbar	comestible
essen	comer
Essen	comida *w*
Essig	vinagre *m*
Essig-und-Öl-Ständer	vinagreras *w pl*
Essiggurken	pepinillos en vinagre *m pl*
Esskastanie	castaña *w*
Esslöffel	cuchara *w*
Esslöffel voll	cucharada *w*
Estragon	estragón *m*
Extrakt	extraco *m*

fade	soso, insípido
Fadennudeln	fideos *m pl*
Farbstoff	colorante *m*
Fasan	faisán *m*
Fass	barril *m*, tonel *m*, barrica *w*
Fassbier	cerveza de barril *w*
Feigen	higos *m pl*
fein	fino
Feldsalat	canónigo *m*
Fenchel	hinojo *m*
fertig	listo
Fertiggericht	plato preparado, plato precocinado *m*
Festpreis	precio fijo *m*
fett	graso
Fett	grasa *w*
Feuer	fuego *m*
Filet(steak)	solomillo *m*
Filterkaffee	café filtrado *m*
Fisch	pescado *m*
Fischfilet	filete de pescado *m*
Fischgericht	plato de pescado *m*
Fischgeschäft	pescadería *w*
Fischsuppe	sopa de pescado *w*
flambiert	flameado, flambeado
Flasche	botella *w*
Flasche, halbe	media botella *w*
Flaschenbier	cerveza en botella *w*
Flaschenöffner	abridor *m*
Fleisch	carne *w*
Fleischbrühe	caldo de carne *m*
Fleischgericht	plato de carne *m*
Fleischklößchen	albóndiga *w*
Fleischpastete	pastel de carne *m*
Flügel	ala *w*
flüssig	líquido
Flusskrebs	cangrejo de río *m*
Förmchen	molde *m*
Forelle	trucha *w*
Forelle, geräucherte	trucha ahumada *w*
Frankfurter Würstchen	salchichas de Francfurt *w pl*
frei	libre

Frikadelle	hamburguesa *w*
frisch	fresco
Frischkäse	queso fresco *m*
frittieren	freír
frittiert	frito
Froschschenkel	ancas de rana *w pl*
Frucht	fruto *m*, fruta *w*
Fruchtfleisch	pulpa *w*
Früchte, kandierte	frutas escarchadas *w pl*
Fruchteis	helado de fruta *m*
fruchtig	afrutado
Fruchtsaft	zumo de fruta *m*
Frühstück	desayuno *m*
Frühstück, zweites	almuerzo *m*
Frühstücksbuffet	buffet de desayuno *m*
Frühstücksspeck	bacon *m*
Füllung	relleno *m*
Fuß	pie *m*
Gabel	tenedor *m*
Gang	plato *m*
Gang, erster	primer plato *m*
Gang, zweiter	segundo plato *m*
Gans	oca *w*, ganso *m*
Gänseleberpastete	foie gras (de oca) *m*
ganz	entero
gar	en su punto
garen	su punto
Garnelen	gambas *w pl*, langostinos *m pl*, camarones *m pl*
garniert	con guarnición
Gärung	fermentación *w*
Gastronomie	gastronomía *w*
Gebäck	galletas, pastas *w pl*
gebacken	frito, cocido en el horno
gebeizt	adobado, marinado
Geburtstagskuchen	tarta de cumpleaños
gedämpft	al vapor *m*
Gedeck	cubierto *m*
gedünstet	rehogado
Geflügel	aves *w pl*
Geflügelklein	menudillos, menudos de ave *m pl*
Geflügelleber	higadillo *m*

gefroren	helado *m*
gefüllt	relleno
gegrillt	a la parrilla
gehackt	picado
gekocht	hervido, cocido
Gelatine	gelatina *w*
gelb	amarillo
Gelee	jalea *w*
gemahlen	molido
gemischt	variado, mixto
Gemüse	verduras, hortalizas *w pl*
Gemüsesalat	ensalada de verduras *w*
Gemüsesuppe	sopa de verduras *w*
genug	bastante, suficiente
gepfeffert	picante
geräuchert	ahumado
Gericht	plato *m*, comida *w*
gerieben	rallado
geröstet	tostado *(Brot)*, salteado *(Kartoffeln etc.)*
Geruch	olor *m*
gesalzen	salado
geschält	pelado
Geschirr	vajilla *w*
Geschmack	gusto, sabor *m*
geschmort	estofado; braseado
gespickt	mechado
gesüßt	endulzado, azucarado
Getränk	bebida *w*
Getreide	cereales *m pl*
getrüffelt	trufado
Gewicht	peso *m*
Gewürze	especias *w pl*, condimentos *m pl*
Gewürznelke	clavo, clavillo *m*
Gewürzgurken	pepinillos en vinagre y especias *m pl*
gezuckert	azucarado
giftig	venenoso
Gin	ginebra *w*
Glas	vaso *m*, copa *(Stielglas) w*
ein Glas Milch	un vaso de leche *m*
ein Glas Wasser	un vaso de agua *m*

ein Glas Wein	un vaso de vino *m*
Goldbrasse	dorada *w*
Goldmakrele	llampuga *(Fisch)* *w*
Gramm	gramo *m*
Granatapfel	granada *w*
Grapefruit	pomelo *m*
Grapefruitsaft	zumo de pomelo *m*
Gräte	espina (de pescado) *w*
gratiniert	gratinado
grau	gris
Graubrot	pan de centeno, pan moreno *m*
Graubarsch	besugo *m*
Grieß	sémola *w*
Grill	parrilla; barbacoa *w*
vom Grill	a la parrilla
Grillgericht	parrillada *w*
groß	grande
grün	verde
Gurke	pepino *m*
Gurkensalat	ensalada de pepino *w*
gut	bueno
gutbürgerliche Küche	cocina casera; comidas caseras *w*
gut durchgebraten	bien hecho
Hackfleisch	carne picada *w*
Haferflocken	copos de avena *w pl*
Hähnchen	pollo *m*
Hähnchenkeule	muslo de pollo *m*
halb	medio
halb durchgebraten	medio hecho
halbe Portion	media ración, media porción *w*
halber Liter	medio litro *m*
halbes Dutzend	media docena *w*
halbes Kilo	medio kilo *m*
halbreifer Käse	queso semicurado *m*
halbtrocken	semiseco
Hälfte	mitad *w*
Hamburger	hamburguesa *w*
Hammel	carnero *m*
Hammelkeule	pierna de carnero *w*
handwerklich	artesanal
Häppchen	bocado *m*; tapa *w*
hart	duro

Hase	liebre *w*
Haselnuss	avellana *w*
Hasenpfeffer	civet de liebre
Hauptgericht	plato principal
hausgemacht	casero
Hausmannskost	comidas caseras *w pl*
Haut	piel *w*
Haxe	pierna, pata *w*
Hecht	lucio *m*
Hefe	levadura *w*
Heidelbeere	arándano *m*
heiß	caliente
herb	áspero
Herd	fogón *m*
Hering	arenque *m*
Hering, geräucherter	arenque ahumado *m*
Herkunft	origen *m*
Herz	corazón *m*
Herzmuschel	berberecho *m*
Himbeere	frambuesa *w*
Hirn	sesos *m pl*
Hirsch	ciervo, venado *m*
Hirse	mijo *m*
im Holzofen (im)	al horno de leña
Honig	miel *w*
Hörnchen, Croissant	croissant, cruasán *m*
Hornhecht	aguja *w*
Huhn	gallina *w*, pollo *m*
Hühnchen	pollo *m*
Hühnerbrühe	caldo de gallina *m*
Hühnerbrust	pechuga de pollo *od.* gallina *w*
Hühnerflügel	ala de pollo *od.* gallina *w*
Hühnerschenkel	muslo de pollo *od.* gallina *m*
Hülsenfrüchte	legumbres (secas) *w pl*
Hummer	bogavante *m*
Hundshai	cazón *m*
Hunger	hambre *m*
Hunger haben	tener hambre
Imbiss	piscolabis, tentempié *m*
Ingwer	jengibre *m*

Inhaber	propietario, dueño *m*
Inhalt	contenido *m*
Jahrgang	del año … *m*
Jakobsmuschel	vieira *w*
Joghurt	yogur(t) *m*
Johannisbeere	grosella roja *w*
Johannisbeere, schwarze	casis *m*, grosella negra *w*
Kabeljau	bacalao fresco *m*
Kaffee	café *m*
Kaffee, koffeinfreier	café descafeinado *m*
Kaffee mit wenig Milch	café cortado *m*
Kaffee mit viel Milch	café con leche *m*
Kaffee, schwarz	café solo *m*
Kaffeekanne	cafetera *w*
Kaffeelikör	licor de café *m*
Kaisergranat, Scampi	cigalas *w pl*
Kakao	cacao; *als Getränk:* chocolate *m*
Kaki	caqui, palosanto *m*
Kaktusfeige	higo chumbo *m*
Kalb	ternera *w*
Kalbsbraten	asado de ternera *m*, ternera asada *w*
Kalbsfilet	solomillo de ternera *m*
Kalbskotelett	chuleta de ternera *w*
Kalbsleber	hígado de ternera *m*
Kalbsschnitzel	escalope de ternera *m*
kalorienarm	bajo en calorías
kalorienreich	rico en calorías
kalt	frío
kaltes Buffet	buffet frío *m*
kaltes Gericht	plato frío *m*
Kamillentee	(infusión de) manzanilla *w*
Kaninchen	conejo *m*
Kapaun	capón *m*
Kapern	alcaparras *w pl*
Kapuzinerkresse	capuchina *w*
Karaffe	garrafa *w*
Karamell	caramelo *m*
Kardamom	cardamomo *m*
Kardenartischocke	cardo *m*
Karotten	zanahorias *w pl*
Karpfen	carpa *w*

Deutsch – Spanisch

Kartoffeln	patatas *w pl*
Kartoffelomelett	tortilla española
Kartoffelpüree	puré de patatas *m*
Kartoffelsalat	ensalada de patatas *w*
Käse	queso *m*
Käsekuchen	tarta de queso *w*
Käseplatte	tabla de quesos *w*
Kastanie	castaña *w*
Kastenbrot	pan de molde *m*
kaufen	comprar
Kaugummi	chicle *m*
Kaviar	caviar *m*
Keks	galleta *w*
Keller	sótano *m*; *(Wein-)* bodega *w*
Kellner	camarero *m*
Kerbel	perifollo *m*
Keule	muslo *m*; pierna *w*
Kichererbsen	garbanzos *m pl*
Kilo	kilo *m*
Kirsche	cereza *w*
Kirschwasser	kirsch *m*
Kirschtomate	tomate cereza, tomate cóctel *m*
Kiwi	kiwi *m*
klare Brühe	consomé *m*
Klarett(wein)	clarete *m*
Kleie	salvado *m*
klein	pequeño
Kleingeld	dinero suelto *m*, calderilla *w*
Kloß, Klößchen	albóndiga *w*
Knäckebrot	pan crujiente *m*
Knoblauch	ajo *m*
Knoblauchmayonnaïse	alioli *m*
Knochen	hueso *m*
Knollensellerie	apionabo, apio rábano *m*
knusprig	crujiente
Koch	cocinero *m*
kochen	cocer, hervir, cocinar
Kochbuch	libro de cocina *m*
Kochtopf	olla, marmita, cazuela *w*
koffeinfrei	descafeinado
Kognak	coñac *m*
Kohl	col *w*, berza *w*, repollo *m*

Kohlenhydrate	hidratos de carbono *m pl*
Kohlrabi	colinabo *m*
Kokosmilch	leche de coco *w*
Kokosnuss	coco *m*
Kokosraspel	coco rallado *m*
Kompott	compota *w*
Kondensmilch	leche condensada *w*
Konfitüre	confitura *w*
Konserve	conserva *w*
Konservierungsmittel	conservante *m*
Kopfsalat	lechuga (francesa) *w*
Koriander	cilantro *m*
Korken	corcho, tapón *m*
Korkenzieher	sacacorchos *m*
Korn (Getreide)	cereales, granos *m pl*
kosten	probar, degustar
köstlich	delicioso
Kotelett	chuleta *w*
Kraftbrühe	consomé *m*
Krake	pulpo *m*
Krapfen	buñuelo *m*
Kräuter	hierbas *w pl*
Kräuterlikör	licor de hierbas *m*
Krebs	cangrejo *m*
Kresse	berro *m*
Kroketten	croquetas *w pl*
Krug	jarra *w*, botijo *m*, cántaro *m*
Kruste	costra, corteza *w*
Krustentiere	crustáceos *m pl*
Küche	cocina *w*
Kuchen	pastel *m*
Küchenchef	jefe de cocina, chef *m*
Kuh	vaca *w*
Kuhmilch	leche de vaca *w*
Kümmel	comino *m*
Kürbis	calabaza *w*
Kürbiskerne, geröstet	pipas de calabaza *w pl*
Kutteln	callos *m pl*
Lachs	salmón *m*
Lachsforelle	trucha asalmonada *w*
Lakritze	regaliz *m*
Lamm	cordero *m*

Lammbraten	cordero asado, asado de cordero *m*
Lammkeule	pierna de cordero *w*
Lammkotelett	chuleta de cordero *w*
Lammschulter	paletilla de cordero *w*
Landbrot	pan de payés *m*
Landwein	vino del país, vino de la región *m*
Langkornreis	arroz (de grano) largo *m*
Languste	langosta *w*
Lauch	puerro *m*
lauwarm	tibio
Lavendel	espliego *m*, lavanda *w*
lebend	vivo, viviente
Leber	hígado *m*
Leberpastete	foie gras *m*
lecker	rico
leer	vacío
leicht	ligero
Leinsamen	semillas de(l) lino *w pl*
Leitungswasser	agua del grifo *m*
Lieblingsgericht	plato favorito *m*
Likör	licor *m*
Limette	lima *w*
Limonade	limonada *w*
Lindenblütentee	(infusión de) tila *w*
Linsen	lentejas *w pl*
Liter	litro *m*
Liter, halber	medio litro
Löffelbiskuits	lenguas de gato *w pl*
Lorbeer	laurel *m*
Löwenzahn	diente de león *m*
Macadamianuss	nuez de macadamia *w*
Magen	estómago *m*
Magenbitter	digestivo *m*
Magenverstimmung	indigestión *w*
mager	magro *m*
Mais	maíz *m*
Maiskolben	mazorca *w*
Maiskörner	granos de maíz *m pl*
Majoran	mejorana *w*
Makkaroni	macarrones *w pl*
Makrele	caballa *w*

Malz	malta *w*
Mandarine	mandarina *w*
Mandeln	almendras *w pl*
Mandeln, gebrannte	almendras garrapiñadas *w pl*
Mandeltorte	tarta de almendras *w*
Mangold	acelgas *w pl*
Margarine	margarina *w*
Marinade	adobo *m*, marinada *w*
mariniert	adobado, marinado
Marmelade	mermelada *w*
Marone	castaña *w*
Marzipan	mazapán *m*
Mayonnaise	mahonesa, mayonesa *w*
Meeraal	congrio *m*
Meeräsche	lisa *w*, mújol *m*
Meerbarbe	salmonete *m*
Meeresfisch	pescado de mar *m*
Meeresfrüchte	mariscos, frutos del mar *m pl*
Meerrettich	rábano picante *m*
Meersalz	sal marina *w*
Mehl	harina *w*
Mehrwertsteuer	IVA (Impuesto sobre el Valor Añadido)
Meister	maestro *m*
Melisse	melisa *w*, toronjil *m*
Melone	melón *m*
Menge	cantidad *w*
Menü	menú *m*
Messer	cuchillo *m*
Miesmuscheln	mejillones *m pl*
Milch	leche *w*
Milch, entrahmte	leche desnatada *w*
Milch, fettarme	leche semi-desnatada *w*
Milch, frische	leche fresca *w*
Milch, heiße	leche caliente *w*
Milch, kalte	leche fría *w*
Milchbrötchen	bollo *m*
Milchkaffee	café con leche *m*
Milchlamm	cordero lechal *m*
Milchpulver	leche en polvo *m*
Milchreis	arroz con leche *m*
Milchschokolade	chocolate con leche *m*

Deutsch – Spanisch

Milchshake	batido *m*
Mineralwasser	agua mineral *m*
Mineralwasser mit Kohlensäure	agua mineral con gas *m*
Mineralwasser ohne Kohlensäure	agua mineral sin gas *m*
Minze	menta *w*
Mispel	níspero *m*
Mittagessen	almuerzo *m*, comida *w*
Mixed Pickles	encurtidos *m pl*
Mohn	adormidera *w*
Möhren	zanahorias *w pl*
Morcheln	colmenillas *w pl*
Most	mosto *m*
Mürbeteig	pasta quebrada, pasta brisa *w*
Muräne	morena *w*
Mus	puré *m*
Müsli	muesli *m*
Muskateller(wein)	(vino de) moscatel *m*
Muskatblüte	macis *m*
Muskatnuss	nuez moscada *m*
Nachspeise, Nachtisch	postre *m*
Nahrungsmittel	alimentos *m pl*
natur	natural, al natural
Nektarine	nectarina *w*
Nelke (Gewürz)	clavo (de olor), clavillo *m*
Nichtraucherzone	zona no fumador *w*
Nieren	riñones *m pl*
Nudeln	pasta *w*
Nussknacker	cascanueces *m pl*
Nusstorte	tarta de nueces *w*
Ober	camarero *m*
Obst	fruta *w*
Obstkuchen	pastel de frutas *m*
Obstsalat	macedonia de frutas *w*
Ochse	buey *m*
Ochsenschwanz	rabo de buey *m*
Öffnungszeiten	horarios *m pl*, horas de apertura *w pl*
Ofen	horno *m*
ohne Konservierungsstoffe	sin conservantes
ohne Milch	sin leche

ohne Sauce	sin salsa
ohne Zucker	sin azúcar
Öl	aceite *m*
Oliven	aceitunas, olivas *w pl*
Olivenöl	aceite de oliva *m*
Olivenöl, natives	aceite de oliva virgen *m*
Ölsardinen	sardinas en aceite *w pl*
Omelett	tortilla francesa *w*
Önologe	enólogo *m*
Orange	naranja *w*
Orangenblüte	azahar *m*
Orangenblütenhonig	miel de azahar *w*
Orangenblütenwasser	agua de azahar *m*
Orangensaft	zumo de naranja *m*
Orangensaft, frisch gepresst	zumo de naranja natural *m*
Oregano	orégano *m*
Paellapfanne	paella *w*
Pampelmuse	pomelo *m*
Pangasius	panga *(Fisch) w*
Paniermehl	pan rallado *m*
paniert	rebozado, empanado
Paprikapulver	pimentón *m*
Paprikapulver, edelsüß	pimentón dulce *m*
Paprikapulver, scharf	pimentón picante *m*
Paprikaschote	pimiento *m*
Paprikawurst	chorizo *m*
Paranuss	nuez de Brasil *w*
Parmesankäse	queso parmesano *m*
Pastete	pastel; paté *m*
Pastinake	chirivía *w*
Pellkartoffeln	patatas cocidas con su piel *w pl*
Perlhuhn	pintada *w*
Petersfisch	San Pedro *m*
Petersilie	perejil *m*
Pfanne	sartén *m*
Pfeffer	pimienta *w*
Pfeffer, grüner	pimienta verde *w*
Pfeffer, schwarzer	pimienta negra *w*
Pfeffer, weißer	pimienta blanca *w*
Pfefferkörner	granos de pimienta *m pl*
Pfefferminze	menta *w*

Pfefferminzlikör	crema de menta *w*, licor de menta *m*
Pfefferminztee	infusión de menta *w*
Pfefferstreuer	pimentero *m*
Pfifferlinge	rebozuelos, cantarelas *m pl*
Pfirsich	melocotón *m*
Pflanzenfett	grasa vegetal *w*
Pflanzenöl	aceite vegetal *m*
Pflaume	ciruela *w*
Pfund	medio kilo
pikant	picante
Pilgermuschel	viera *w*
Pilze	setas *w pl*, hongos *m pl*
Piment	pimienta de Jamaica *m*
Pinienkerne	piñones *m pl*
Pistazien	pistachos *m pl*
Pizzaboden	base de pizza *w*
Plastiktüte	bolsa de plástico *w*
Pollack	abadejo *(Fisch) m*
Pommes frites	patatas fritas *w pl*
Portion	porción, ración *w*
Portwein	oporto *m*
Poularde	pularda *w*
Pralinen	bombones *m pl*
Preis	precio *m*
Preiselbeere	arándano encarnado *od.* rojo *m*
pro Person	por persona
pro Stück	por pieza, por unidad
probieren	probar, degustar
Proteine	proteínas *w pl*
Pudding	budín, pudín, flan *m*
Puderzucker	azúcar en polvo, azúcar glas *m*
Puffmais	palomitas (de maíz) *w pl*
Punsch	ponche (caliente) *m*
Püree	puré *m*
Putenbrust	pechuga de pavo *w*
Putenschnitzel	escalope de pavo *m*
Puter	pavo *m*
Qualität	calidad *w*
Quark	requesón *m*
Quitte	membrillo *m*

Quittenbrot	carne de membrillo, dulce de membrillo *w*
Radieschen	rabanitos *m pl*
Radler	clara *w*
Ragout	ragú *m*
Räucherlachs	salmón ahumado *m*
Räucherschinken	jamón ahumado *m*
Raucherzone	zona de fumador *w*
Rebhuhn	perdiz *m*
Rechnung	cuenta *w*
Reh	corzo *m*
Rehrücken	lomo de corzo *m*
Reibkäse	queso rallado *m*
reif	maduro
reifer Käse	queso curado *m*
rein	puro
Reineclaude	ciruela Claudia *w*
Reis	arroz *m*
Reizker, Echter (Pilz)	níscalo *m*
Renette	reineta *w*
Rest	resto *m*
Rettich	rábano *m*
Rezept	receta *w*
Rhabarber	ruibarbo *m*
Riesengarnele	gambón *m*
Rind	vaca *w*, vacuno *m*, res *w*
Rinde	corteza *w*
Rindfleisch	carne de vaca *w*
Rippchen	costilla *w*
Roastbeef	rosbif *m*
Rochen	raya *w*
Rogen	huevas *w pl*
Roggen	centeno *m*
Roggenbrot	pan de centeno *m*
roh	crudo
Rohkostplatte	crudités *w pl*
Rohmilch	leche cruda *w*
Rohrzucker	azúcar de caña *m*
Römischer Salat	lechuga *w*
Rosenkohl	coles de Bruselas *w pl*
Roséwein	(vino) rosado *m*
Rosinen	uvas pasas *w pl*

Deutsch – Spanisch

Rosmarin	romero *m*
Rost, vom	a la parrilla *w*
Röstbrot	pan tostado *m*
Röstkartoffeln	patatas salteadas *w pl*
Rotbarbe	salmonete *m*
Rotbrasse	pargo *m*
Rote Bete	remolacha roja *w*
Rotkohl, Rotkraut	(col) lombarda *w*
Rotwein	vino tinto *m*
Rotweinessig	vinagre de vino tinto *m*
Roulade	rollo *m*
Rübe, weiße	nabo *m*
Rücken	espalda *w*
Ruccola	rúcula *w*
Rührei	huevos revueltos *m pl*
Rum	ron *m*
Rundkornreis	arroz corto, de grano redondo *m*
Safran	azafrán *m*
Safranfäden	hebras de azafrán *w pl*
Saft	zumo, jugo *m*
Sahne	nata, crema *w*
Saison	temporada *w*
Salami	salami *m*
Salat	ensalada *w*
Salat, gemischter	ensalada variada, ensalada mixta *w*
Salatherz	cogollo *m*
Salbei	salvia *w*
Salz	sal *w*
salzarm	bajo en sal
salzen	salar
salzig	salado
Salzkartoffeln	patatas hervidas *w pl*
Salzlake	salmuera *w*
salzlos	sin sal
Salzstreuer	salero *m*
Samen	semilla *w*
Sandwich	sandwich, emparedado *m*
Sardellen	anchoas *w pl*
Sardellenfische	boquerones *m pl*
Sardinen	sardinas *w pl*
Saubohnen	habas *w pl*

Sauce	salsa *w*
sauer	ácido, agrio
Sauerkirsche	guinda *w*
Sauerkraut	chucrut *m*
Säuregehalt	acidez *w*
Schaf	oveja *w*
Schafskäse	queso de oveja *m*
Schafsmilch	leche de oveja *w*
Schale	cascara; *von Obst:* piel *w*
Schalotte	chalote *m*, escalonia *w*
scharf	picante
Schaum	espuma *w*
schäumend	espumoso
Schaumwein	vino espumoso *m*
Scheibe	rebanada, raja, loncha, tajada; *(rund)* rodaja *w*
Scheibe Brot	rebanada de pan *w*
Scheibe Schinken	loncha de jamón *w*
Scheibe Toast	tostada *w*
Schenkel	muslo *m*
Schinken	jamón *m*
Schinken, gekochter	jamón dulce, jamón York, jamón cocido *m*
Schinken, roher	jamón serrano *m*
Schlagsahne	nata montada, nata batida *w*
schlecht	malo
Schlehenlikör	pacharán *m*
Schleie	tenca *w*
schmackhaft	sabroso, apetitoso
Schließung, Geschäftsschluss	cierre *m*
Schmalz	manteca *w*
Schmelzkäse	queso fundido *m*
Schmorfleisch	carne estofada *w*
Schnaps	aguardiente *m*
Schnecken	caracoles *w pl*
Schnepfe	becada *w*
Schnitte Brot	rebanada de pan *w*
Schnittlauch	cebollino *m*
Schnitzel	escalope *m*
Schokolade	chocolate *m*
Schokoladencreme	mousse de chocolate *m*

Schokoladeneis	helado de chocolate *m*
Schokoladentorte	tarta de chocolate *w*
Scholle	solla, platina *w*
Schulter	espalda *w*
Schüssel	fuente *w*
Schwanz	cola *w*, rabo *m*
Schwarte	corteza (de tocino) *w*
schwarz	negro
Schwarzbrot	pan negro *m*
Schwein	cerdo *m*
Schweinebraten	asado de cerdo *m*
Schweinefilet	solomillo de cerdo *m*
Schweinekotelett	chuleta de cerdo *w*
Schweineleber	hígado de cerdo *m*
Schweinerücken	lomo de cerdo *m*
Schweineschmalz	manteca de cerdo *w*
Schweineschnitzel	escalope de cerdo *m*
Schweinsfüße	pies de cerdo *m pl*
Schweinshaxe	pierna de cerdo *w*
Schwertfisch	pez espada, emperador *m*
Schwertmuschel	navaja *w*
Seeaal	congrio *m*
Seehecht	merluza *w*
Seeigel	erizo de mar *m*
Seespinne	centollo *m*
Seeteufel	rape *m*
Seezunge	lenguado *m*
Seezungenfilets	filetes de lenguado *m pl*
Sekt	cava *m*
Sekt, sehr trocken	cava brut *m*
Sekt, sehr trocken, ohne Zuckerzusatz	cava brut nature *m*
Selbstbedienung	autoservicio *m*
Selbstbedienungsbuffet	buffet libre *m*
Sellerie	apio *m*
Semmel	panecillo *m*
Semmelbrösel	pan rallado *m*
Senf	mostaza *w*
Serviette	servilleta *w*
Sesam	sésamo, ajonjolí *m*
Sherry	jerez *m*
Sherryessig	vinagre de Jerez

Sirup	jarabe *m*
Sodawasser	soda *w*
sofort	en seguida
Soja	soja *w*
Sojaöl	aceite de soja *m*
Sojasauce	salsa de soja *w*
Sonderangebot	oferta *w*
Sonnenblumenkerne, geröstet	pipas de girasol *w pl*
Sonnenblumenöl	aceite de girasol *m*
Sorbet	sorbete *m*
Spaghetti	espaguetis *m pl*
Spanferkel	cochinillo, lechón, *(gebratenes)* tostón *m*
Spargel	espárragos *m pl*
Spargel, grüne	espárragos trigueros *m pl*
Spargelspitzen	puntas de espárrago *w pl*
Speck	tocino *m*
Speckgrieben	chicharrones *m pl*
Speisekarte	carta *w*, menú *m*
Speisesaal	comedor *m*
Spezialität	especialidad *w*
Spiegeleier	huevos fritos *m pl*
Spieß	asador *m*, brocheta *w*, espeto *m*, espetón *m*
Spinat	espinacas *w pl*
Staudensellerie	apio en rama *m*
Steak	bistec *m*
Steinbutt	rodaballo *m*
Steinpilze	boletos *m pl*
Sternanis	anís estrellado *m*
Stockfisch	bacalao (seco) *m*
Stöcker	jurel *m*
Stör	esturión *m*
Strandschnecke	bígaro *m*
Strauß	avestruz *m*
Streichhölzer	cerillas *w pl*
Streichkäse	queso para untar *m*
Stück	pieza *w*, pedazo *m*, trozo *m*
Sultanine	pasa gorrona *w*
Suppe	sopa *w*
Suppenlöffel	cuchara sopera *w*

Deutsch – Spanisch

Suppenwürfel	cubito de caldo *m*
süß	dulce
Süßigkeiten	dulces *m pl*
Süßkartoffel	boniato *m*, batata *w*
süß-sauer	agridulce
Süßstoff	sacarina *w*, edulcorante *m*
Süßwein	vino dulce *m*
Tafel Schokolade	pastilla oder *od.* tableta de chocolate *w*
Tagesgericht	plato del día *m*
Tagesmenü	menú del día *m*
Taschenkrebs	buey de mar *m*
Tasse	taza *w*
Taube	paloma *w*
Taube, junge	pichón *m*
Tee, schwarzer	té *m*
Tee, grüner	té verde *m*
Tee mit Milch	té con leche *m*
Tee mit Zitrone	té con limón *m*
Teelöffel	cucharilla, cucharita *w*
Teig	pasta, masa *w*
Teigwaren	pastas *w pl*
Teller	plato *m*
Teller, tiefer	plato hondo *m*
Tellmuscheln	tellinas, tallarinas *w pl*
Teppichmuscheln	almejas *w pl*, oft auch als Venusmuscheln bezeichnet
Terrasse	terraza *w*
Terrine (Pastete ohne Teig)	terrina *w*
teuer	caro
Theke	barra *w*
Thunfisch	atún, bonito *m*
Thymian	tomillo *m*
tiefgefroren, tiefgekühlt	congelado
Tiefkühlkost	alimentos congelados *m pl*
Tier	animal *m*
Tintenfische	calamares *m pl*, chipirones *m pl*, sepias *w pl*
Tisch	mesa *w*
Tischbestellung	reserva de mesa *w*
Tischdecke, Tischtuch	mantel *m*

Tischwein	vino de mesa *m*
Toast	tostada *w*
Toiletten	lavabos, servicios *m pl*
Tomate	tomate *m*
Tomatenmark	puré de tomates *m*
Tomatensalat	ensalada de tomate *w*
Tomatensauce	salsa de tornate *w*
Tomatensuppe, kalt	gazpacho, salmorejo *m*
Tonicwasser	tónica *w*
Topf	cazuela *w*
Törtchen	tartaleta *w*
Torte	tarta *w*
traditionell	tradicional
Trauben	uvas *w pl*
Trauben, blaue	uvas negras *w pl*
Trauben, weiße	uvas blancas *w pl*
Traubensaft	zumo de uvas *m*
trinken	beber
Trinkgeld	propina *w*
Trinkhalm	paja *w*
Trinkspruch, Toast	brindis *m*
Trinkwasser	agua potable *m*
trocken	seco
Trockenaprikosen	orejones *m pl*
Trockenpflaumen	ciruelas pasas *w pl*
Trüffel	trufa *w*
Tüte	bolsa *w*
überbacken	gratinado
ungespritzt (Obst)	no tratado
Untertasse	platillo *m*
vakuumverpackt	envasado bajo vacío
Vanille	vainilla *w*
Vanillecreme	natillas de vainilla *w pl*
Vanilleeis	helado de vainilla *m*
Vanilleschote	vaina de vainilla *w*
Vanillezucker	vainilla azucarada *w*
vegetarisch	vegetariano
Veilchen	violeta *w*
Venusmuscheln, Echte	chirlas *w pl*
Verbrauch	consumo *m*
Verfallsdatum	fecha de caducidad *w*
Verkauf	venta *w*

verkaufen	vender
Verpackung	envase *m*
viel	mucho
Viertel	cuarto *m*
Vinaigrette	vinagreta *w*
Vitamine	vitaminas *w pl*
voll	lleno
Vollkornbrot	pan integral *m*
Vollkornreis	arroz integral *m*
Vollmilch	leche entera *w*
Vorspeise	entrada *w*, entrante *m*, entremés *m*
Waage	peso *m*
Wacholderbeere	enebrina *w*
Wachtel	codorniz *w*
Wachteleier	huevos de codorniz *m pl*
Waffel	barquillo *m*
Waffeltüte (Eis)	cucurucho *m*
Wahl	elección *w*
nach Wahl	a elegir
Walderdbeeren	fresas del bosque, fresas silvestres *w pl*
Walnuss	nuez (nueces) *w*
Walnussbrot	pan de nueces *m*
Walnusslikör	ratafia *(Katalonien)*
warm	caliente
warme Speisen	platos calientes *m pl*
Wasser	agua *m*
Wassermelone	sandía *w*
weich	blando; tierno
Weichtiere	moluscos *m pl*
Wein	vino *m*
Wein vom Fass	vino de barril *m*
Wein, leichter	vino ligero *m*
Wein, offener	vino a granel *m*
Wein, trockener	vino seco *m*
Weinbrand	brandy *m*
Weinessig	vinagre de vino *m*
Weinglas	vaso *m od.* copa *w* para vino
Weinkarte	carta de vinos *w*
Weinkühler	enfriador de botellas *m*

Weinprobe	degustación de vinos, cata de vinos w
weiß	blanco
Weißbrot	pan blanco m
Weißfisch	pescado blanco m
Weißkäse	queso blanco m
Weißkohl, Weißkraut	repollo m
Weißwein	vino blanco m
Weißweinessig	vinagre de vino blanco m
Weizen	trigo m
Weizenkeime	germenes de trigo m pl
Weizenmehl	harina de trigo w
wenig	poco
Wermut	vermut m
Whisky	whisky m
wiegen	pesar
Wild(bret)	caza w, venado m
Wildente	pato salvaje m
Wildkaninchen	conejo de monte m
Wildreis	arroz salvaje m
Wildschwein	jabalí m
Windbeutel	buñuelo de viento m
Wirsing(kohl)	col rizada w
Wirt	dueño (de un restaurante) m
Wittling	merlán m
Wittling, Blauer	bacaladilla w
Wolfsbarsch	lubina w
Wurst	embutido m
Würstchen	salchicha w
Wurstplatte	embutidos variados m pl
Wurstwaren	embutidos, fiambres m pl
Würze	condimento m, especia w
würzen	condimentar, sazonar
Wurzel(n)	raíz (raices)
Zackenbarsch	mero m
zäh (Fleisch)	duro
zahlen	pagar
Zahnbrasse	dentón m
Zahnstocher	palillo m
zart	tierno
Zicklein	cabrito, choto m
Ziege	cabra w

Ziegenkäse	queso de cabra *m*
Ziegenmilch	leche de cabra *w*
Zigarette	cigarrillo *m*
Zigarre	puro *m*
Zimt	canela *w*
Zimtstange	canela en rama *w*
Zitrone	limón *m*
Zitroneneis	helado de limón *m*
Zitronenmelisse	toronjil *m*
Zitronensaft	zumo de limón *m*
Zitronenschale	cascara de limón, corteza de limón *w*
Zitronenschale, abgeriebene	ralladura de limón *w*
Zitrusfrüchte	cítricos *m pl*
Zucchini	calabacines *m pl*
Zucker	azúcar *m*
Zuckerapfel	chirimoya *w*
Zucker, brauner	azúcar moreno *m*
Zuckererbsen	tirabeques *m pl*
Zunge	lengua *w*
Zutaten	ingredientes *m pl*
zu viel	demasiado
Zwergdorsch	capellán *m*
Zwieback	biscote *m*
Zwiebel	cebolla *w*
Zwiebelsuppe	sopa de cebolla *w*